晚来急，野渡无人舟自横。

——（唐）韦应物《**滁州西涧**》

法学野渡

写给法学院新生

（第四版）

郑永流◎著

中国人民大学出版社
·北京·

第四版说明

以前觉得，读本书的人愈多就愈需快快增修，生怕一字不慎引人“入错行”。但到这一版时却感到有些不敢了，或许还有点倦了，因为除必须更新法条、数字和事实外，似乎该（不）说的都（不）说了，“don’t forget，but also not say more”。第X版复第X版，是否有点“为赋新词强说愁”，岂不有负读过此书的人？然而，初衷依旧，本书要用心对待的永远是一波又一波聚首在法律情人（霍姆斯语）窗下的“骑士”。据权威统计，2020年9月有7.7万金榜题名者选择了这个“唯有凭持久而孤绝的激情”“唯有竭力施展神一样的能力”才能赢得其芳心的“情人”。于是，就心安地该怎么改就怎么改地改定了这一版，以法学的含义、法律中的年龄、法系、法律职业资格考试、留学个案为主要增删之处。

此次修订在等待某些新数据中持续了大半年，至今未见公布的例如有第五次全国学科排名，未列之事就交给学子的大拇指吧，它会拨开一层层“无知之幕”。在改新版中，德国洪堡大学法学院的博士生刘敏，德国慕尼黑大学法学院的博士生郑童，中欧法学院的硕士生陈玉月和郭一鸣先后给予我许多襄助，在此，谨对她们的辛劳付出致以衷心的谢意！

郑永流
2022年2月

引言　从走兽到飞禽

英国名相丘吉尔曾就第二次世界大战情报战说道：战争是如此残酷，以致只有用谎言来掩护真理。比附一下，拿破仑想让农民在烛光下也能读懂《法国民法典》，终敌不过作为语言文本的法律不易理解之本性，如“善意占有”绝不是“好心地占有”，“风能进，雨能进，国王不能进”的住宅包不包括前店后家式的地方，以致需要有一批以解释法律为志业者。所以，“不读阿佐的书，进不了法院的门”这句中世纪的名言，至今为人铭记。

理解法律不易，因理解而形成的体系性知识——法学，当是专门家之事。既是如此，法学便有入门、深造、自成一系等等位阶。其中，如何领人进门，至关重要。因为近些年来，每年9月都有十万之众迈入中国各大学法学院，无论她或他体悟到与否，这一步实是一种骤变，其可能的一般含义有几个：其一，在生活场域上，从中学到大学；其二，在身心上，从少年到成人；其三，在智识上，从记忆到创造。而其特殊之处在于，从受生活世界支配的芸芸众生到规制社会的法律人。能否使他们由走到飞，把他们训练成这样的法律人，怎样的入门基本上决定着怎样的出门，这就是为什么在世界各名校，再牛的大牌教授也要为青涩新生讲课。

入门的路也有多条，上述由大牌教授亲传为其一，但即便是把礼堂变课堂，听众仍有限，也不是校校有尧舜。显而易见，编写入门读物是另一条更为便利的路。在七八年前就想写点这类读物，但不时被“更重要”的事务阻却，且我也深知，领人进法学之门，不似酒店茶楼的门童，劳动在举手之间，常常是，要么让人找不着北，要么令人望山跑死马。难怪鲁迅说，写通俗文章非大家莫属，话中既透出谦逊，也不乏实情。想必这也是中国法学作品呈几何级数增长态势，却独缺精到的这类读物之缘由。

浅斟低唱有真需求，尽人皆知，但真需求需真功夫。早有出版社约我写此风格文字，生怕举重不若轻，未敢应允。只是 2008 年拿出了《法律方法阶梯》之后，听人评说，有点深入，也还浅出，增添了些许信心。加上又遇出版方的再三力邀，遂以真需求遮掩真功夫，决定再试笔力。

本书主要为将要和初在研习法学的新人而作，兼及国民大众。它既要说如何研习法学，也讲启蒙、“普法”。前后两者的关系，犹如腊肉有咸味。为达此目的，拟先全景式地展示法学大貌，后简介研习法学的各个阶段及其方法。非专攻法学者，可顾头不顾尾，想专攻者是否得从头到尾，悉听尊便。

法学是最古老的学问之一，但它不仅是知识，也是一门艺术，所以古罗马法学家乌尔比安说“法学（Jurisprudentia）是神人之事，公正非公正之艺术”。因而，法学充满着智慧。所谓智慧，指的是人们不拘泥于教条的辨析和创新能力，它具有因时空而异的历史流变性，因为世界上没有两个相同的案件，正如人不能两次踏入同一条河流。

从知识上看，经两千多年的繁衍生息，法学从作为哲学大家族的一员到自立门户，已成为显贵望族，生出两大支派：一支为法哲学、法史学、法社会学等普适学问，一支为关于宪法、刑法、民法、行政法、诉讼法、国际法等各种法律的具体学问。这两类学问虽共享法律之对象，但前类出乎各种法律之中又超乎之上，可谓“青出于蓝而胜于蓝”；后类只钟情于某种法律，别无他念。两支分工近似于自然科学中的数理化与医工农。

不同于文史哲追寻真善美，法学是经世致用之学，它讲的是治国安邦之道、定分止争之术。那么，操持法学知识的法律人又是一群怎样的人？他们当游走于事实与规范，诸如损害与赔偿、杀人与刑罚之间，有着特殊的思维方式：重论证而不直奔结论，讲求逻辑而不炫耀修辞，以推理优先于描述。作为法律人，其品性有殊，择要述之，一当严谨胜于标新，二守谨慎超于自信。因为法律事务关乎人的身家性命、财产安全、社稷天下，不可不如此特殊行事。

正由于有治国安邦、定分止争之需，自古就有专司或兼司法律之人，位列国之栋梁、声名卓著者，中国有耳熟能详的况钟、包拯、海瑞，外国有布雷克顿、科克、霍姆斯。在职业分类上，除了他们从事的法官工作外，还有检察官、律师和公证员，就专业化程度而言，这些人是完全的法律工作者，这些职业是法律职业的主体部分。在立法机关、政府法律部门工作的人，在基层从事法律服务的工作者，在企业担任法律顾问和仲裁员等，是半完全的法律工作者。而人民调解员，基层的治安、保卫人员等，则为准法律工作者。

无论从事何种法律职业，都需经专门训练。不同于中学传授的基础性普适知识，在大学里，法学通常被作为一个专业来对待。所谓专业，意为术有专攻，一般人都会把线穿过针鼻儿，只有把骆驼穿过针鼻儿才叫专长，大学就是培养这种专门人才的场所。法学教育是最古老的职业教育之一。11 世纪大学产生之初，法学院就是所设置的三个学院之一，其他两个是医学院和神学院。这三种职业教育培养的均是从事实务的律师、医师和牧师。

今天，当人们进入法学院，在享受人生旅程中那一段自在逍遥的大学时光的同时，要使对未来神圣而又富足的职业的愉快憧憬变为现实，随遇而安、四海游学，已不合时令，善规划者易于成功，也体现出做自己的主人。在过去的语境中，“策划”常与阴谋相连，今人亦认识到，好事、学业、人生也需要“策划”，“策划”甚至成为一种专门职业。因而，有条理的法学研习生活，当从制定一份适当的规划始，当然，这不是要求像德国鸿儒康德那样精准——当他下午出来散步时，邻居便开始准备晚餐。这既包括整个四年的大事安排，诸如按期毕业、主修辅修、法考、考研、出国、恋爱结婚，也要有分学期的日常计划，譬如课程选择、业余爱好、打工兼职。

恰当的规划是为了更好地接受知识，而学生所要掌握的知识和能力，主要由大学开设的课程提供。大学生中虽流传着“必修课选逃，选修课必逃”之戏语，但如果真如此，那主要是教者无能所致。这就要全面了解法学课程体系。课程所包含的知识又是经由不同方式——讲授课、案例分析、法律诊所、模拟法庭、“席明纳”等，传递至研习者，这些不同的方式又对应地培养研习者的三种能力：知识体系构筑、知识应用训练和知识创新思维。

除了在讲堂里静听业师指点迷津，研习者亦要在课外练就功夫，练功的方式主要有：自发组成研习小组，以在交流中求得甚解；听讲座，以拓宽视野，激发灵感；到实务部门去实习，以观察书斋外真实的另一个世界；参加辩论会、演讲赛，以训练征服听众的口头修辞术。

在这个信息时代，人们往往在信息爆炸中无所适从，也就一无所获，如何取得有用的信息，需要技巧。法律人除了雄辩，就是著文，但写论文不是讲故事，合同、遗嘱、通缉令、起诉意见书、判决书等法律文书应表意精确、言简意赅、格调朴实、语句规整。

中国是一个考试王国。研习法律者要进入典型的法律职业做法官、检察官、律师，要通过“天下第一考”——法律职业资格考试，平均13%左右的通过率使“法考”不同于大学日常考试，得具备另一套考试思路和技艺。在法律职业资格考试之外，学生还会参加英语四级、六级考试（这是找工作时对英语水平的基本要求），参加各种技能考试（如驾驶执照、计算机二级、翻译等技能等级考试），参加出国考试（托福、雅思等），准备并参加公务员考试。学海无涯，本科四年只是学业的初阶，进阶之方式有多种，到工作中去提升还是留在校园读研、在国内念还是到国外读，这些都是问题。

2008 年中国股市暴跌超过 60%，股民们自嘲地编有各式段子：“笑着进去，哭着出来；少女进去，大妈出来；老板进去，打工出来；宝马进去，板车出来”。那么，研习法律者以一个门外汉之身进入法学院，当她/他走出法学院时，该是一副何样的面目呢？是像人们熟知的所谓的“哈佛大学法学院名言”所说，“当你走出哈佛大学法学院时，你眼里再没有男人和女人，而只有原告和被告”，还是如本引言标题所示：从走兽变成了飞禽？也许每个人的感受不同，但得出结论所依赖的大学研习过程大体一样，本书就是要展现从一张白纸到涂满符号这一历程。

现在，让我们上船，共渡到法学的彼岸。

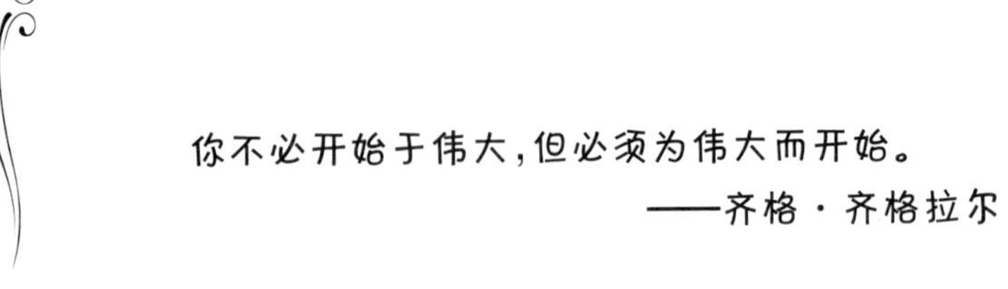

你不必开始于伟大，但必须为伟大而开始。
——齐格·齐格拉尔

目　录

CONTENTS

上　法学气象万千

你站在桥上看风景，看风景的人在楼上看你。明月装饰了你的窗子，你装饰了别人的梦。

——卞之琳

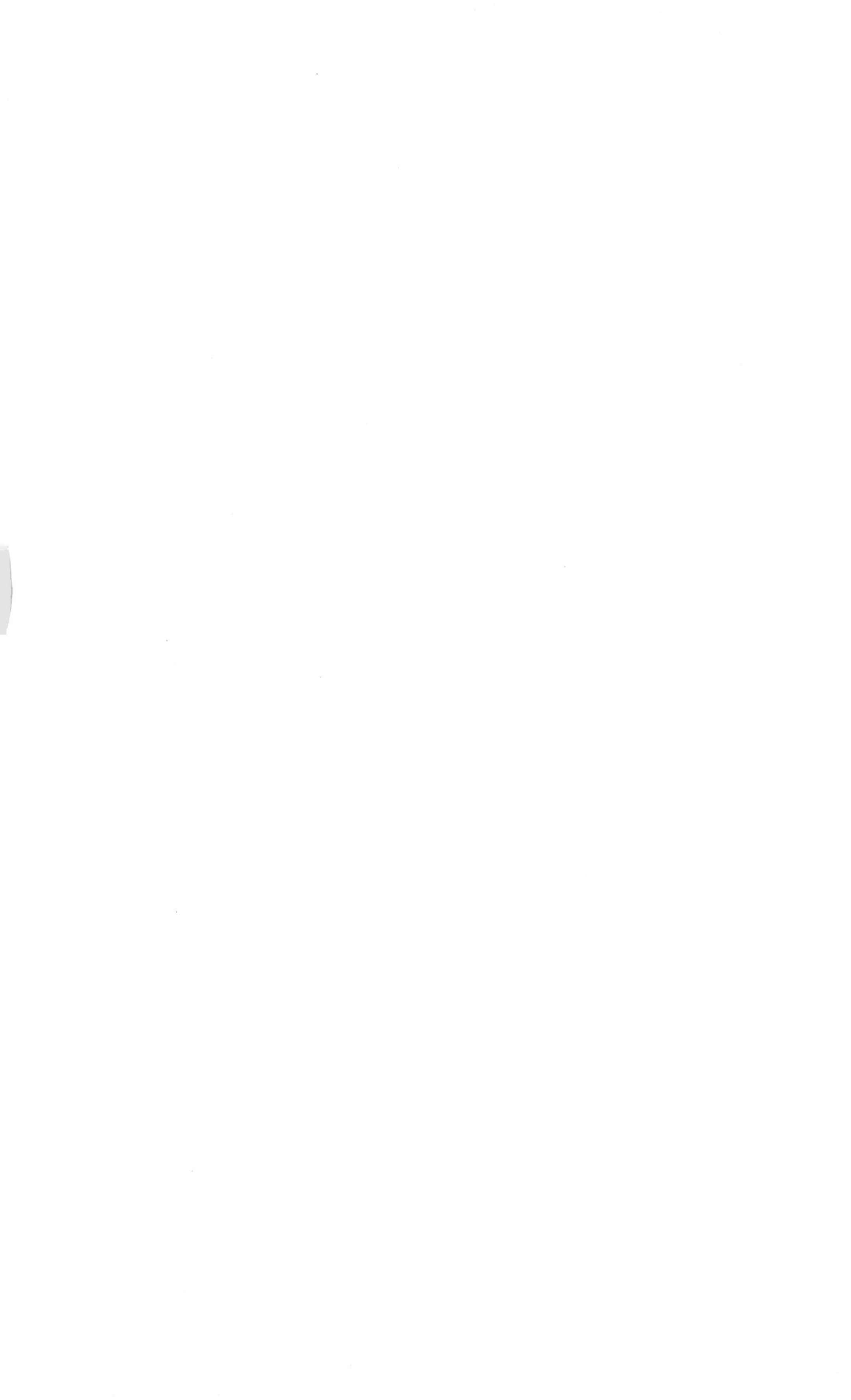

卷一

法学的“国民性”

一龙生九子，九子各不同，说的是一人自有一人之性格。一国、一文化圈的人又何尝不是，这就是所谓“国民性”。有关这类国民性的说法众多，版本不一，流传甚广的一个为：

一群来自各国的人士在一家餐馆共用晚餐，大家发现汤中有一只苍蝇，于是，

——英国人举了举手：“Waiter，请换成一杯啤酒。”

——法国人说：“亲爱的，看哪，一只苍蝇在游泳。”

——日本人把经理叫来：“你们就是这样做生意的吗?”

——美国人则通知了自己的律师，准备明天起诉餐馆。

——德国人掏出显微镜，要看看苍蝇的细菌指数是否超标，再决定如何行事。

——某国人把苍蝇捞出来放在一边，将汤喝一半，然后去找餐馆索赔。

这虽是不乏夸张的编造，但也的确道出了各色人等的某种特质：

绅士派头、浪漫、效率、好讼、严谨、贪图小利。那么，法学，作为浩瀚学林中的一枝，相对于痛苦的哲学、风流的文学、吝啬的经济学、无所不能的社会学、灰色的历史学、红色的政治学，有无自己的“国民性”呢？如果有的话，又是怎样的风貌呢？抑或可否独秀于林？

1　多重面具的司法

人们对法学品性的看法常常是从对法律的印象中得出，而对法律的印象又多出自司法，形成司法—法律—法学这一传递链。因而，先要来白描一下司法的形象。在历史的大舞场上，司法也是戴着多重面具起舞的：

——冷峻威武：无论是昔日还是今天，司法均带有诸多这样的特征：古有立“回避”“肃静”牌的公堂、“威武威武”地喝堂威、拍得震天响的惊堂木、瘆人的刑具，今有闪烁的警灯、冰凉的手铐、阴森的监狱，无不令人避犹不及。有时司法还绝非仅暴戾，更是血腥。

民间骂人时常说“你这个挨千刀的”，指的就是古代的凌迟。在古代各种残酷的刑罚中，最残暴的莫过于凌迟。凌迟，原为“陵迟”，意指山丘延缓的斜坡。后取其缓慢之义，将凌迟用作一种刑罚之名，即是以极慢的速度把人处死。这种“极慢”就是刽子手一刀一刀地割去犯人身上的肉，直到差不多割尽，才剖腹断首，使人毙命。所以，凌迟也叫脔割、剐、寸磔等。明代执行凌迟的刀数为历代之最，此朝有两次著名的凌迟处死案件，一是正德年间的宦官刘瑾案，一是崇祯时进士郑鄤案。邓之诚《骨董续记》卷二“寸磔”条云：“世俗言明代寸磔之刑，刘瑾四千二百刀，郑鄤三千六百刀。李慈铭日记亦言之。”实际上，刘瑾被剐三千三百五十七刀。

——温情脉脉：其实，司法也有和颜悦色、柔情似水的一面，它细心呵护人们的生命与健康，努力保障民众的财产与自由，真诚关切个人的家庭幸福与美满。

清朝时范县的崇仁寺与大悲庵相对，寺里一小和尚与庵中一小尼姑私下相爱，被人发觉后被送到县衙要求判罪。知县郑板桥素怀民本思想，见僧、尼年龄相当，便生恻隐之心：私通有碍礼法佛法，但若是在家俗人，不就于法无碍了吗？他问明情由，知晓他们自小青梅竹马，男子因家穷而削发为僧，女子为避嫁人愤而为尼。于是，板桥判令这对青年僧尼先还俗，然后结为夫妻。当时有人作诗一首专记此事：“一半葫芦一半瓢，合来一处好成桃。从今入定风归寂，此后敲门月影遥。鸟性悦时空即色，莲花落处静偏娇。是谁勾却风流案，记取当堂郑板桥。”①

——正义的庇护所：正义的实现有多种途径，而在所有其他道路不通时，司法是正义的最后避难处，若司法不公则正义将流离失所。正如弗朗西斯·培根所说：“一次不公的司法判决比多次不公的其他举动为祸尤烈。因为这些不公的举动不过弄脏了水流，而不公的判决则把水源败坏了。”人世间虽有诸多不公，但令人欣慰的是，纵是在“黑云压城城欲摧”之际，仍有人“为了正义，哪怕天诛地灭”。

1933 年 2 月 9 日，希特勒想第一次通过广播向德国民众发表演讲。据当时的技术条件，他必须亲自来广播台。依帝国政府的建议，帝国广播协会预先解聘了广播台三名技术人员，理由为，这三个男人被怀疑属于共产党，或与之关系密切；并由此进一步怀疑，这三个人可能对广播台实施破坏。

这三个技术人员向法院提起诉讼，负责审理这一解约保护案的法官在审判中病倒，另一法官奥托·坎-弗罗伊德必须接手这一案件。他严格依照法律作出一份论证明确的判决，判处广播台赔偿那几名原告。这一判决在新闻界引起很大反响，一份报纸选用“如果柏林仍有法官”为标题作了报道。不久，奥托·坎-弗罗伊德因政治不可靠被解除了法官职务。最后他在英国找到了第二故乡，成为牛津大学的比较法学教授。

① 曾衍东：《小豆棚》，盛伟校点，264~265 页，济南，齐鲁书社，2004。

2　法律的神与形

有什么样的法律便大体有什么样的司法，从上述故事中明白可见法律的身影。当然，司法不等于法律，有时法律高高举起板子，司法却轻轻地放下，如日本、美国许多州的刑法有死刑条款，但法院从未或很少判处罪犯死刑；有时法律是非分明，法官却草菅人命，枉法裁判，如佘祥林被冤案。让我们来看看法律的神形真面目。

古体“法”字

2010年6月11日作者摄于中国台湾地区“中央研究院”法律学研究所（筹）

在神上，中国的“法”字最可传达法律的精义。据我国历史上第一部字书许慎的《说文解字》，“法”的古体是“灋”，它由氵、廌和去三部分构成。“灋，刑也，平之如水，从水；廌所以触不直者去之，从去。”这一解释，一则指明法的价值取向，“平之如水”象征“公平”①；二则有“裁判的”功能性含义，据传说，“廌”是一种独角神兽，性情中正，明辨是非，在发生纠纷和违法行为时，由廌来裁判，被廌触者，即被认为败诉或有罪，所以“从去”。

中国《宪法》第5条第4、5款　一切国家机关和武装力量、各政党和各社会团体、各企业事业组织都必须遵守宪法和法律。一切违反宪法和法律的行为，必须予以追究。

任何组织或者个人都不得有超越宪法和法律的特权。

中国《民事诉讼法》第3条　人民法院受理公民之间、法人之间、其他组织之间以及他们相互之间因财产关系和人身关系提起的

---

① 后人如蔡枢衡对许慎的诠释不以为然，指出：所谓“平之如水”为“后世浅人所妄增”，不足为训。此处的“水”指古时的一种刑罚，即把有罪者置于水上，随波逐流，即谓放逐。参见蔡枢衡：《中国刑法史》，170页，南宁，广西人民出版社，1983。

民事诉讼，适用本法的规定。

其他语言的“法”字虽无汉语“音、形、意”三结合之长，不能直观“法”之堂奥，但都含有公平之义，唯公平之法才成其为法，恶法非法。如在欧陆，表示这一意义上的“法”源于拉丁文 jus，其语义不仅指“法”，也指“权利”“正义”“公平”等，德语 Recht，法语 droit，俄语 право 与 jus 具有相同的功用。

法国宪法第 2 条　法兰西为不可分割、非宗教的、民主的并为社会服务的共和国。全体公民，不论血统、种族和宗教信仰的不同，在法律面前一律平等。法兰西共和国尊重一切信仰。

在形上，法由语言载负。法有它自己的语言，或为诗的样子，或为数学式的，一般认为，诗诉诸人的情感，数学诉诸人的理性。“仓颉造字”之前，中国的法律“无字无形”，行为规则往往是“用声律成句，以便口传记诵”。在西方，据伯尔曼，最早的爱尔兰法是用诗歌表示的。在古希腊、古罗马，雄辩术盛行，法庭上的辩论，几乎都是运用诗的语言。德国著名童话作家、法学家雅可布·格林说过：法与诗诞生在同一张温床上。因此，文学爱好给我激情，给我灵感，法律职业给我冷静，给我思考，二者相辅相成、相得益彰。但“很多诗人是从法学院逃逸出来的学生”（德国法学家拉德布鲁赫语）。这些逃离法学院的文豪，远有歌德、托尔斯泰、巴尔扎克、泰戈尔，近有诗人海子，他在北大学习法律，毕业后到中国政法大学教哲学、写诗。

在人类历史上，数学的兴起与史诗的衰落大致是相伴随的。而雄辩术的衰落，法律的去诗歌化，是由法律形式理性造成的，法律形式理性的表现之一是语言的数学化：思维抽象，讲求逻辑；用语准确，严谨明晰，简约确定，结构稳定。法律语言也由诗走向数学。

对比法律的诗性语言与数学语言，一飘逸灵动，充满感性，一如绕口令，难死众人。

- 汉刘邦约法三章：杀人抵命，伤及盗者刑。
- 苏轼在杭州做官时，曾遇这么一桩案子：杭州灵隐寺有个和尚叫了然，打死相好娼妓李秀奴。苏轼审理这一命案时，见了然臂上有手刺两句诗："但愿同生极乐国，免教今世苦相思。"苏轼见状，触动诗兴，就着这两句诗，写了一首《踏莎行》的词作为判决书，词道：这个秃奴，修行忒煞。云山顶上空持戒。一从迷恋玉楼人，鹑衣百结浑无奈。毒手伤人，花容粉碎。空空色色今何在？臂间刺道苦相思，这次还了相思债。

● 中国《民法典》第926条第1款　受托人以自己的名义与第三人订立合同时，第三人不知道受托人与委托人之间的代理关系的，受托人因第三人的原因对委托人不履行义务，受托人应当向委托人披露第三人，委托人因此可以行使受托人对第三人的权利。但是，第三人与受托人订立合同时如果知道该委托人就不会订立合同的除外。

● 某地法院审理一民事案，法官在宣判时例行公事地说，不服本判决可上诉。原告为一农村老太太，其诉求未被全部接受，本来有气，更兼她把"上诉"听成了"上树"，遂指着法官大声呵斥：你安的什么心，我一大把年纪了，还让我"上树"。

● 中国政法大学江平教授曾说他20世纪80年代最早开设罗马法，当时就有人问，你们怎么养骡子养马还有法律呢。人家把"罗马法"听成了"骡马法"。已故中国人民大学佟柔教授也讲过一个笑话：1986年《民法通则》通过后，他到各地去讲学，人家也问他：为什么民法上有法国人？原来《民法通则》中有"法人"规定！

例子总爱表现极端，不可尽信，但越来越理性化的法律总体上给人的印象是庄重、严肃、沉闷，却大抵无错。

3　法学的品性

法律的神与形极大地决定着法学的品性，因为法学是关乎法律及其应用的学问。

当然，被关心的客体与对客体的认识不是一回事，如同情人眼里的女子皆西施，但她们的容颜可能本不一定会沉鱼落雁、闭月羞花。那么，作为专司打扮法律的化妆师的法学又是怎样的呢？也许这是初入法学大门者急切想知晓的。

司法女神

在古希腊神话里，主持正义和秩序的女神是忒弥斯（Themis）。她的名字的原意为“大地”，转义为“创造”“稳定”“坚定”，从而与法律发生关联

图片来源：http://h2och4.mysinablog.com/index.php%_3D328111

3—1　解纷之学

人们处世，或为钱财，或为权势，或为名声，总有纠纷，法律就被创制出来排难解纷、济人利物。而法学就是研究法律如何被创制、如何被应用，所以，法学本分上应属解纷之学。这里借王泽鉴先生在一次讲座中所举的一个实例说明之①：

A 向 B 购买 C 制造的卡车，因 A 疏于注意该卡车轮胎具有缺陷，发生车祸，车半毁，A 受重伤而成为植物人；撞到路人 D，D 血流如注；D 的（妻、未婚妻或路人）E 目睹其事，精神崩溃而住院；有 F 救助 D，却遭车撞伤。该车祸阻塞道路，G 等出租车不能外出载客；H 驾车不耐久等，跨越 I 的庭院，毁损 I 的花草。

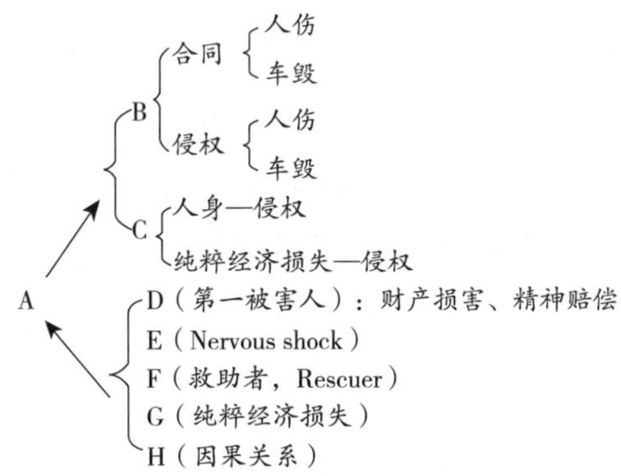

来源：http://www.civillaw.com.cn/article/default.asp?id=47078

① 参见王泽鉴：“比较法、判例研究与实例研习”讲座，中国人民大学法学院，2009 年 11 月 27 日，见 http://www.civillaw.com.cn/article/default.asp?id=47078，访问时间：2009-12-09。

在 A 与 B 之间，在 B 与 C 之间，在 A 与 D、E、F、G、H 之间会产生合同、侵权等纷争，解决这些纷争是法律的基本功用及法学的本分，而哲学、经济学等不司此职。这可用拉丁文“quis，quid，a quo，qua causa?”（“谁可向谁，依据何种法律理由，主张什么?”）概括之。

3—2 法学是生杀予夺之学

法学是一种学说，但不同于哲学等其他学说，法学还是一种对人们的行为有说服力的学说，即作为一种非正式的法律渊源，有生杀予夺之功效，不只是说说而已。通常把这种非正式的法律渊源称“法理”，即被社会公认的正当的法律原理，它立于刑法、民法等法条背后。法理主要是通过学者的著述体现出来，因而，法理与学者的学说密不可分。

在欧陆地区，法理的地位得到明确的承认。古罗马曾有“法学家创造了罗马法”的谚语，中世纪也有“不读阿佐的书，进不了法院的门”的说法，也因此学说非私人就法律所表示的意见。当代的《瑞士民法典》第 1 条规定：“依字面含义或解释有规定的法律问题，均适用本法。本法无规定者，法官应依习惯法裁断，无习惯法，依法官一如立法者所提出的规则。在此，法官遵循既定学说和传统”。欧陆法也因此被称为“法学家法”。

在我国，尽管法理或者学说不具有在欧陆地区那样的地位，但它们对司法实践有着重要的指导意义，法官在司法裁判中常援引学说来进行论证。

在 2007 年许霆于广州市商业银行的一台自动取款机（ATM）上分 171 次提取了 17.5 万元一案中，广州市中级人民法院认定许“盗窃金融机构，数额特别巨大”，判处许“无期徒刑，剥夺政治权利终身，并处没收全部个人财产”。法院对盗窃这一性质的认知，因中国刑法条文本身未作界定，而直接取自刑法学界的“私密窃取为盗窃”通说。但也有人认为，许大摇大摆进入一个公共场所，通过 ATM 取款进行正常的交易，用自己的真实身份取钱，这是一个公开的、知情的交易，毫无私密可言，如果是盗窃，不可思议。

这里不去争辩谁之法理合理，而是想说，无论谁之法理被采纳，法理不仅是温文尔雅的说教，还是直接决定着人们财产、自由的“有牙齿的”言论。

3—3　法学不是科学，而是智慧

科学要解决的是真假问题，能纳入其范围的是可检验的、客观的、确定的知识。“水往低处流”这一论断，历经检验，是为真理。“太阳绕地球转”业已证为谬误。严格意义上科学只包括物理、化学等实验知识，逻辑、数学这两门是可在形式上验证的科学。

以这种眼光，去打量关于社会的知识，它们均是非科学的。“人往高处走”，何谓高低因人因时而异；“杀人者死”不可检验，因为多数国家废止了死刑，少数国家死刑仍存。社会知识与科学攀亲，冠以社会科学头衔，意在寻找自身的说服力、权威性。

法学被说成科学出于同一愿望，法学所说明的法律是人为建构的，并不存在一种科学意义上的客观法律，自然法学眼里“遵守契约”之“自然法”，社会学者笔下“肥水不流外人田”之“活法”，其“客观性”明显是一些人的假定或合意，是故“自然法”可变，“活法”不居，“十里不同风，百里不同俗”。法学不是对外部世界的描摹，而是对外部世界的建构，人们不能去“发现”法，只是去“发明”法。

不同于科学要分出事物的真假，法学要说明的是法律和判决合不合适、公正与否、满意与否。而对它们的解说总是人的解说，人又是历史社会中的人，无法做到价值中立。因而，法学缺乏不证自明的规律、公理，法律和判决均是有争议的法学产品。这也就不难理解，堕胎在一国为合法而在他国则为非法；为什么对我国《消费者权益保护法》第 2 条之谁是消费者存有如此对立的解释。

当然，这并不是说法学、法律是一堆古铜钱，任人爱摆几摞就摆几摞。那人们又是如何确定一种学说、某个规定或判决是有说服力和正当的呢？历史地看，大体有三：一为全体或大多数人的承认

（合意论），一为通过权威来预设（权威论），一为依靠信仰去定夺（信仰论）。现代社会倾心于第一种，但并未完全排斥后两种。事实上，多数沿袭下来的学说或规范，如平等适用法律、无罪推定、不溯及既往、不能从错误中获利、人不能审判自己等，是混合地经由这三种方法而成为“客观规律”或“公理”的。基于此，法学要全力解决的说服力、正当性不是有或无、非此即彼的问题，而是一个此多彼少的问题。此多彼少，何谓多何谓少，法学的智慧在此。

3—4　法学的归属

目前，比较成熟的学科大约有 5 550 门，其中交叉学科总数约 2 600门。一般上，学科划分有所谓三分法[①]：自然科学、社会科学和人文科学。

自然科学是研究物体和作为生物的人的学问。它认识的对象是自然界物体的各种类型、状态、属性及运动形式，要解决物与物之间或自然现象之间的普遍因果联系，如冷热与物体的缩胀之间存在热胀冷缩的因果联系，这种联系具有普遍性，因而，“热胀冷缩”遂成为一种自然规律，“自然规律是一种全称陈述。其有效性既不受时间亦不受空间的限制”[②]。自然科学要回答自然规律的“真”的问题，因而，客观、精确、定量、可验证、可重复便成为对自然科学的要求。

诺贝尔像

图片来源：http://news. sciencenet. cn/htmlnews/2010...982. shtm

---

① 学科划分的新三分法：
- 形式科学：逻辑学　数学
- 实验（经验）科学：
  - 自然科学
  - 社会科学
- 应用科学：法学　医学

② ［德］汉斯·波塞尔：《科学：什么是科学》，李文潮译，49 页，上海，上海三联书店，2002。

为实现这些要求，人们所运用的思维方式为分析、观察、描述、实验、解释、归纳、演绎。自然科学各领域为：数学、物理学、化学、天文学、地球科学以及生命科学等。柏拉图学园的大门上刻有“不懂几何的人莫入”。在柏拉图看来，数学的证明是可信的，原理是真实的。

相对于自然科学对“物”、对“真”的问题的兴致，社会科学关注着人，关注人际关系的“正确”（“对”）的问题。由于社会交往关系不可能是单个个人的行为，什么正确、什么不正确具有一定的普适性，但毕竟人以群分，家庭、政党、行业，各个不一，还要受地域的限制，所以这种普适性又没有自然规律的那么大。正是因为其普适性这种中间特点，有人将社会科学置于自然科学和人文科学之间，它既要满足量的要求，又要坚守质的规定性；在思维方式上，既有经验分析，也有历史诠释，以致难以明确概括出多少社会科学自身的东西。实际上，在自然科学长期为显学及因此只将自然科学视为科学的巨大压力下，社会科学更偏向自然科学的模式，更受其思维方式的影响，如以定量见长的社会学，主要借助于经验—分析，经济学也愈来愈走向数量化、实证化。社会科学的家族也十分庞大，所涵盖的学科有：政治学、经济学、管理学、社会学、心理学、教育学、人类学等。

人文科学的场域是一个自然科学的逻辑经验世界以外的意义世界。意义世界是个人的世界，事情有否意义、有何意义，在于个人的内心感受、情绪体验、心灵直觉，这就生发出“感时花溅泪，恨别鸟惊心”，“有一千个观众，便有一千个哈姆雷特”。人文科学不求“真”与“对”，但求“善”、求“美”、求“情”。人文科学的各部门为哲学、文学、艺术、历史、语言等。

美国当代著名的比较哲学家巴姆（Archie J. Bahm）认为，从不同文化上看，西方与中国的思维方式有着下表所展示的分野。而中国是一个人文传统深厚的国度，因此后一组大体可看作人文科学的思维方式。

西方	中国
分析	综合
理性	直觉、顿悟
思	诗
复杂	简约
逻各斯（logos）	神话
逻辑	修辞
概念	隐喻
推理	描述
精确	形象比喻、随意
普遍	特殊
形式	实质
程序	实体
主客两分	主客不分

那么，法学又算哪一门呢？如果法律规范之总和——法——被确定为法学的客体，那么，法学的任务是如何去认识法，例如，何谓枪支？据《中华人民共和国枪支管理法》第46条和公安部关于枪支弹药管理的有关规定，法律上的枪支是指：以火药或者压缩气体等为动力，利用管状器具发射金属弹丸或者其他物质，足以致人伤亡或者丧失知觉的各种枪支。法学便是认识论上的理论，它不仅在内部，而且也在外部屈从于无矛盾的要求，这与自然科学相通。

如果把如何制定和适用法律确定为法学的客体，那么这样构想的法学，其目标指向对社会行为的影响。当与社会连在一起时，法学就要受到社会科学研究成果的指导，它要研究规范创制的社会条件、各种可能的影响因素、所期待的结果和所带来的副作用、规范的有效性和实施成本。例如，考虑到中国各地经济发展水平不同，最高人民法院和最高人民检察院只规定了构成盗窃罪的财产价值标准从1 000元至3 000元这一幅度，具体多少则由各省确定，如浙江省为2 000元。法学遂被理解成社会科学。

法学又与法律文本、合同、法院的判决相连，因而，法学又是一门文本科学。首先，文本需要理解，就有解释的问题，因为文本，甚至世界本身是由语言表现出来的，而语言具有多义性、不确定性、可变性。其次，文本的言说者、作者与听众、读者处在不同时空之中，致使即便文本语言是单一确定的，听众、读者也可能不知所云。由于理解的主体性，法学与人文科学共享某些特点，如受制于内心感受、情绪体验、心灵直觉，如同历史学中不存在单数的历史、只有复数的历史，由此便产生了，面对一个法律文本，“两个律师，三种见解”的亦贬亦褒之说。

至此，法学在学科属性上的轮廓已大致显出，它襟自然科学、人文科学且带社会科学。法学真正特立独行之处在于其穿行于事实与规范之间。其意指真正的法产生于穿行之中，而不是仅用既有规范去裁判事实。既有规范只是一个框架，一个待具体化甚至可修正的大前提。

3—5 法学的含义和矩阵

按三分法，法学是介于三大科学之间，它襟自然科学、人文科学且带社会科学。从法学的这一性质出发，它是一个关于法律的教义学知识和非教义学知识的独立学科，其内部可以两分为教义立场的法学和非教义立场的法学。

教义立场的法学指关于现行有效的制定法及其应用的学科，也称法律教义学，狭义的法学。其中，关于现行有效的制定法的学问，要解决人类行为和裁判的正式标准是什么。关于其应用的学问，要回答应用的方法是什么。

非教义立场的法学指一切自然科学、人文科学、社会科学关于法的理解的学科，也称广义的法学。它主要关注法律的正当性根据、法律规范的表达、法律规范的形成、法律规范的内容、法律的作用、法律规范的理解和应用。

两者不可或缺，没有教义立场的法学是空洞的，缺乏非教义立场的法学是浅陋的。

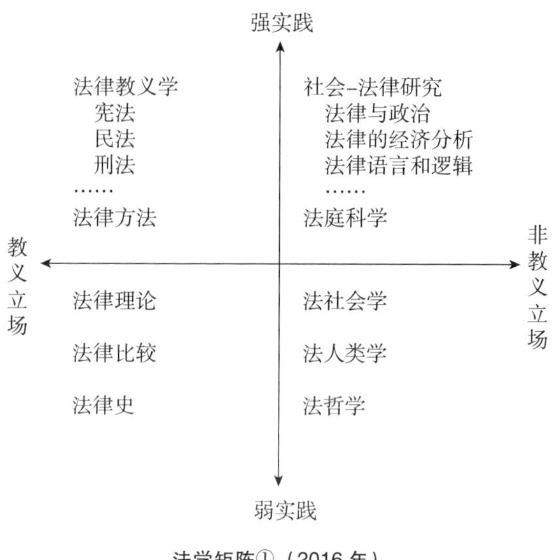

法学矩阵①（2016 年）

4　总结：解社会之结的觿

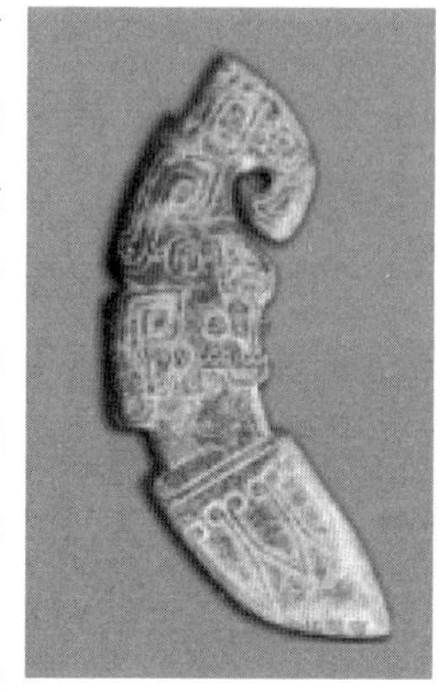

王伯玉觿

图片来源：http://www.cchicc.com

法学之“学”可以在不同意义上使用：首先，它是指“学问”，即对法律之根本原理的哲学追问；其次，它是指“学术”，即对法律的结构所作的规范分析；再次，它可能是指“科学”，即按照自然科学标准对法律所进行的实证研究；最后，它也可能是指“技艺”，即如何应用法律。② 法学襟自然科学、人文科学且带社会科学。

如果仅这样总结法学还过于抽象的话，那就再借喻一下。清人王明德著有名篇《读律佩觿》。“觿”（读 xī，西）是一种骨制的锥子，

① 详见郑永流：《重识法学：学科矩阵的建构》，载《清华法学》，2014（6）。

② 参见颜厥安：《规范、论证与行动——法认识论论文集》，5 页，台北，元照出版公司，2004。

用以解结。《读律佩觿》书名之意是说，阅读和应用法律时，可将此书带上，以解惑释疑。引申言之，大千世界，芸芸众生，不免身心两分，滋生纷争，总需有人来解结，法学就担当此功用。它经国济世、定分止争，且一言九鼎、位重权高。法学何尝不是解社会之结的觿呢？

商代晚期玉器，青玉质，体呈弯曲的角形，上部雕呈虎形，虎首向下，中部束腰，尾部有钝尖。两面纹饰相同，上部为虎纹，下部为蕉叶纹。铭文字数，外侧缘刻铭文二字，铭文释文为王白（伯）。

法官：你为什么要印假钞？

被告一脸无辜地说：因为我不会印真钞……

卷二

最古老的学院　最古老的专业

每年九月，当众多新生气宇轩昂地踏入各大学法学院的时候，也许不是每一个人尽知，他们走进的是大学最古老的学院，即将开始研习的是最古老的专业。古老意味着什么呢？古老是令人敬仰的，“不敢高声语，恐惊天上人”；古老同时是沉甸甸的，使人倍感历史的厚重、传承的艰辛。触摸法学，如果你不想人类文明的经历那么快地逝去，这里就是它们的安身之处。

1　无法学便无大学

无论作为学院，还是作为专业，法学均发端于波伦亚大学。1988 年 9 月 18 日，在波伦亚大学建校 900 周年庆典之际（至今仍无确切的史料证明建校日期，大学自定的建校日为 1088 年 6 月 12 日），来自全球各地 366 所大学的校长们聚集一堂，他们认祖归宗，将这座欧洲最古老的大学——法学家格拉蒂安、哲学家彭波那齐、数学家卡瓦列里、医学家马尔皮杰、诗人但丁和塔索、天文学家哥白尼、解剖学家莫盖尼、无线电发明者马可尼等，曾先后求学或执教于此的大学——视为所有大学的母校。在这有着非凡历史意义的时刻，在波伦亚圣马乔雷广场，校长们共同签署了《欧洲大学宪章》（*The Magna Charta of European Universities*）。当时，北京大学王义遒副校长代表中国历史最长且最有声望的大学，广东五邑大学魏佐海副校长代表中国后起的大学，在《欧洲大学宪章》上签字。[①] 之后，又有 400 所大学的校长相继表示赞同这个对大学发展有着深远影响的文件。

《欧洲大学宪章》的精义在于，人类的未来在很大程度上取决于文化、科学和技术的发展，而这种发展是在文化、知识和科研中心中促成的，“大学便名副其实地成为这样的中心”；要培养尽可能具有全面知识的人才，大学应打破学科的界限，实行跨学科和多学科的教育，促进人文科学和自然科学相结合；在继承其科研、职业教育、德育和智育这三项传统任务的同时，必须进行改革，以适应迅速变化的社会情势，迎接 21 世纪的挑战。

在这所世界所有大学的母校中，法学院又是其前身，可以说，无法学院便无波伦亚大学，无法学便无大学。11 世纪 70 ~ 90 年代，在意大利波河平原东南部的波伦亚，一些研习法律的教师和学生自发组织起来，成立了一所主要讲授和研究古代罗马法和教会法的学校，当时人们亦称其为“法律学校”，这就是最初的波伦亚大学。1158 年波伦亚大学法学院成立。

Università di Bologna

波伦亚大学

校训：Alma mater studiorum – Petrus ubique pater legum Bononia mater
（大学之母）

图片来源：http://hanyu.iciba.com/wiki/363870.shtml

需求是创新之父。法律学校首创的原因是，在中世纪初，西欧古代的

① 参见罗红波编著：《博洛尼亚大学》，80~81 页，长沙，湖南教育出版社，1993。

法律传统因外族的入侵而破坏殆尽，而入侵的各族各有法律传统，这使西欧的法律十分混乱，虽然之后形成了“普通法”体系，但发展中的工商业、变化中的商品、信贷和财产转移关系，正在广泛兴起的行会、商会和自治城市，迫切要求一个完善的法律体系和大量的法律工作者。当时以东罗马帝国皇帝尤士丁尼编纂的《民法大全》为主的罗马法、以波伦亚的僧侣革拉在1142年编纂的《教会法会集》为主的教会法并立，司法由世俗法庭和教会法庭分别掌管。于是，法学也就分为罗马法和教会法两个系统。

波伦亚大学起源于研习罗马法和教会法的学生组织。欧洲“大学”（University）原意是组织起来的团体，后逐渐发展为专指由从事学习、教学和研究的人组织起来的团体。波伦亚所在的伦巴德地区是西欧和东方贸易的通道，有着发达的工商业和大批的自治城市，有利于学术研究。一时间，欧洲各地的学生纷纷前来求学。但是，维护本地人利益的行会规章和法律对外来学生极为不利，学生在房租和学费上受到敲诈。于是，学生们形成了自己的团体，并制定规章，由学生考核教师的水平，规定奖金和授课时间，一节课不能吸引5个学生的教师将被解雇。13世纪初波伦亚大学已有五千余名学生，1316年增设了医学，1360年又增设了神学，成为意大利、法国南部、西班牙、葡萄牙等地大学的榜样。

当时，大学的教学活动是闭门自修，学生一般在13岁~16岁入大学，住在固定的宿舍中，早上五六点钟起床，在食堂就餐，参加礼拜，按时上课，闭门自修，只有在一定时间内才可离开学院外出。有教士身份的学生和教师被要求独身不婚，一些贫困学生也被允许通过乞讨来维持学习。

后来，大学的教学活动从散乱逐步走向系统化，最初的二三年，是以教师讲解为主，每次课长达3小时，每月有一到两次课。学生在毕业前，通常要进行两次考试，学生必须在修业年限届满后才有资格参加考试，习民法的为8年，习教会法的为6年，医学和其他选修科目（如艺术等）均为4年。两次考试一为“学位考试”（licentia)，另一为教授甄试（conventatio)，这个考试相当于教师资格评定。只有通过学位考试的人才能继续参加教授甄试。考试大都在教会里举行，成绩公开发布，由教授团的代表，即主考官(Promoteur) 宣布合格名单，并赠与合格者一些书籍和一顶无檐帽，作为荣誉的象征。原先大学要求穿戴教士袍服，由于有不同的学位，因而产生了各种样式，授予学位也发展成隆重的穿袍、奏乐、游行和宴会形式。

中世纪的学位本来的意思是任教执照，大学毕业，考试合格，可获“硕士”“博士”“教授”学位。硕士、博士和教授“意味着同一件事——教师资格”。获得学位意味着加入教师同业行会，并且可以教授你所学过的科目。这几个学位起初并没有高低之别，后来，“硕士”逐渐只用于低级学院的成员，“博士”“教授”则用于医学、法学、神学三个高级学院的成员。而“学士”最初并不是正式学位，只是表示学生已经取得学位候选人的资格，后来才成为一种低于硕士水平的独立的学位。

学生们在大学里学什么呢？

人文学科是他们基本的学习科目，它包括“古代七艺”，后来又增加了亚里士多德、托勒密、西塞罗等人的著作。“古代七艺”指文法、修辞、逻辑、算术、几何、天文、音乐七门学问。[①] 逻辑学和哲学后成为人文学科的高级课程。对于研习神法、民法和教会法的学生，除了要学习人文学科的基础科目外，还需要长时间地学习法学专业，有的长达 16 年之久。对这些学科结业的学生一般授予博士学位，获得博士学衔的人，同时便有资格担任教师、法官、律师、公证人。

---

① “骑士六艺”指欧洲中世纪后期骑士学习的六种技艺：剑术、骑术、游泳、狩猎（矛术)、棋艺、吟诗。对比中国，古代儒家要求学生掌握的“六艺”为：礼、乐、射、御、书、数。

在波伦亚大学及稍后的巴黎大学（1261年）和牛津大学（1168年）[①]的带领下，大学犹如雨后春笋，争相破土。到15世纪末，整个西欧建立了近80所大学，其中意大利20所，法国18所，英国2所，苏格兰3所，西班牙13所，葡萄牙1所，德意志神圣罗马帝国境内（包括尼德兰、捷克和瑞士）16所，匈牙利3所，波兰、丹麦和瑞典各1所。这些大学成为近代高等教育的先驱，在世界文化史上发出熠熠光彩。

2 再老也有根

久经海上风浪，惯于浪迹天涯，
海伦，你那艳丽的面容，你那紫蓝的秀发，
你那仙女般的风采令我深信：
光荣属于希腊，伟大属于罗马。

19世纪美国诗人、小说家和文学评论家爱伦·坡在《致海伦》[②]中如是吟唱。的确，仅仅三个名字就足以让希腊人感到无上荣光：苏格拉底，柏拉图，亚里士多德。古代希腊是西方文明的摇篮，所以黑格尔说："一提到希腊这个名字，在有教养的欧洲人心中，尤其在我们德国人心中，自然会引起一种家园之感。"但法学却不然：古希腊各城邦国没有正规的法学教育和训练，也没有出现法律职业阶层。古希腊实行的是大众化司法，"人人皆可为法官"，司法不需要由专门的法律职业人来维持。例如在雅典，除了长老会的元老们可以行使审判权之外，由随机挑选的民众组成的临时陪审团也可以行使审判权，"民主"是判决的重要方式。一个很好的例证就是"苏格拉底之死"。

---

① 有人对牛津大学和剑桥大学做了分析，牛津大学学生会问："What do you think?"剑桥大学学生则问："What do you know?"看来，牛津大学注重思想，而剑桥大学注重求知。这大概就是牛津出了29名首相、剑桥出了61个诺贝尔奖获得者的原因。

② 参见［英］苏珊·伍德福特：《剑桥艺术史：希腊和罗马、中世纪、文艺复兴》，罗通秀译，13页，北京，中国青年出版社，1994。

苏格拉底之死

苏格拉底是当时最负盛名的哲学家，民众大会以 281 票对 220 票的结果，判处苏格拉底死刑，课予他的罪名是“不敬神”和“蛊惑青年”。

为何“民主”会处死“智慧”？这可用两千多年后法国人塞奇·莫斯科维奇在《群氓的时代》里的文字来解释：“一个群体或者一群民众就是摆脱了束缚的社会动物。道德的禁忌松弛了。人与人之间的差别消失了。人们通常都在暴力行为中表达他们的梦想、他们的情感，以及所有的英雄主义、野蛮残暴、稀奇古怪和自我牺牲。一个骚动的、情绪高昂的群体，这些就是人群的真正特点。它也是一股盲目的不可控制的力量，能够移山倒海，克服任何障碍，甚至摧毁人类几个世纪所积累的成就。”所谓民主的多数的暴政就源于此。

而罗马自诞生之初起，就充满了征服与掠夺、权利与变革，其间武力与法律为两利器，于是，德国著名法学家耶林（Rudolf von Jhering，1818—1892）在其《罗马法精神》一书中说：罗马帝国曾三次征服世界：第一次以武力，第二次以宗教，第三次以法律。武力因罗马帝国的灭亡而消失，宗教随着人民思想觉悟的提高、科学的发展而缩小了影响，唯有以法律征服世界是最为持久的征服。

西方正规的、学院式的法学教育和训练始于古罗马。自罗马颁布了著名的《十二铜表法》（公元前 451 年，是保存至今的最早的成文法）后，罗马法律教育也应运而生。公元前 3 世纪前后，社会上出现了一些法学家，他们公开招收学生，传道授业。接着，私人创办的法律学校也零星出现，第一个被奥古斯都皇帝授予法律解答权的法学家萨宾（Sabinius）创办了最早的私人法律学校。至公元前 2 世纪末，首都罗马及各行省都出现了私立法律学校。大约在帝国后期，公立法律学校出现，其中最为著名的是罗马法律学校和贝鲁特法律学校。公元 425 年，狄奥多西二世在君士坦丁堡创设了世界历史上第一所法律大学，罗马的法学教育达到其鼎盛时代。

罗马的法学教育一开始属于在家庭中进行的贵族教育的一部分，习法是贵族的一种修养，上层人都以学法为荣，以不懂法为耻。西塞罗曾说，就像小孩学诗一样，他儿时学过《十二铜表法》。之后，法学教育逐渐向平民阶层扩散，并在学校中进行。学校的英文 school 这个词源于希腊文“Scholé”，意为“休闲”(leisure)，指只有有闲才能自由地追求知识。但后来无论是在何种学校中进行的教育，法学教育都以培养法律人才为目的。私人法律学校旨在培养贵族中的年轻人，让他们能在行政和法律职业方面谋得一个职位。在公立法律学校一统天下后，公民充任司法官吏必须受过专门的高等法律教育；申请律师及法官职务的人，必须接受 5 年以上的法律教育。相比希腊的教育，罗马的法学教育少了一些思辨和理性，而多了一些职业化倾向，但仍受亚里士多德自由教育思想的影响。西塞罗等人认为教育的最高目的是培养雄辩家，而要成为一个雄辩家就必须具有广博的知识。他主张：一个雄辩家应该学习的科目十分广泛，如文法、修辞、算术、几何、天文、音乐、政治、军事、哲学等。法律学校学生的平均年龄在 20 岁~25 岁，在上法律学校之前，通常已经受过文法学校和修辞学校的教育，法律教育培养的是具有博雅基础的法律职业专才。下面是古罗马喜谈法律的人们常做的一道数学题。①

古罗马雄辩家霍滕修斯

据说他在辩论时从不使用稿子，也从不记录辩论对手的发言

图片来源：http://fashi.ecupl.edu.cn/article show full.asp?ArticleId=152

① 参见［苏］Я. И. 别莱利曼：《趣味思考题》，符其珣译，89 页，北京，科学普及出版社，1984。

遗产应怎样分配

一位寡妇要把她丈夫遗留下来的3 500元遗产同她即将生产的孩子一起分配。生的如果是儿子，按照罗马的法律，做母亲的应分得儿子份额的一半；生的如果是女儿，就应分得女儿份额的两倍。可是事情却是：她生了一对双胞胎——一男一女。那么，遗产应怎样分配才符合法律呢？

法律教育的兴起造就了一个职业法学家阶层，法学家的活动分为编撰、办案、答复和著述，其中最多的是答复和著述。他们解答问题的共同原则是：凡依旧法解决问题有失公平时，就从旧法的基本原则中推演新的具体办法加以解决。从公元前3世纪到公元6世纪，罗马共有118名法学家，其中最为著名的有盖尤斯（Gaius，约130—约180）、帕比尼安（Papinianus，约150—212）、保罗（Paulus，？—约222）、乌尔比安（Ulpianus，？—228）和莫迪斯汀（Modestinus，？—244）五大法学家。

乌尔比安（Ulpianus，？—228）

曾身居要职，公元222年时为罗马最高裁判官。乌尔比安提出“法学（Jurisprudentia）是神人之事，公正非公正之艺术”这一经典表述，公法与私法的划分是其重要理论贡献之一

图片来源：http://fashi.ecupl.edu.cn/...

公元426年西罗马皇帝瓦伦丁尼安三世与东罗马皇帝狄奥多西二世颁布《引证法》，给予这五名法学家的著述以法律效力，许可在法庭上引用它们。根据《引证法》，凡法律未有明文规定者，依此五大法学家的观点定夺；五名法学家的观点有分歧时，依多数法学家的观点；观点相持不下时，以帕比尼安的为准。而盖尤斯一生著述颇丰，尤以《法学阶梯》（教科书的通名）蜚声法坛。该书语句精练，分析精辟，深入浅出，简略得当，长期被用作法科学生的课本。

公元6世纪，尤士丁尼大帝颁布《国法大全》，其中包括他自编的《法学阶梯》和《学说汇纂》，《法学阶梯》以盖尤斯的为蓝本，但《学说汇纂》选乌尔比安的观点最多。

3　中国的法学教育

法学教育在西方古老，在中国也不年轻。但在中国古代，法学称为律学，因为从秦开始至清末，法称为律，如秦律、大清律例。对律的研究，主要是解释的学问，称作律学，因而法学教育是律学教育。但与西方法学教育相比，二者有明显区别，主要在于：西方法学教育是一种素质教育和独立的职业教育；中国律学教育只是儒学教育的一部分，无论是太学还是国子监，它们虽然在一定程度上亦是律学教育机构，但首先是儒学的教育机构。律学教育的内容多为儒家经典中的涉及法律部分，以刑律为主，以科举考试策问为主要形式。有的儒家更是反对专门研习法律，北宋司马光曾反对王安石设立律学教授、设“明法科”考选法官的变法主张，他认为，“礼之所去，刑之所取”，士大夫只需懂得儒家礼教自然就与法律暗合。律学教育自公元2世纪东汉末出现，至7世纪~12世纪唐宋两朝达到一个比较繁荣的阶段，而元代正式取消了官方的律学教育，一直到清末，律学教育被排除在国家正规的教育科目之外。

多读一年书，少读十年律

说的是在中国古代，儒家经义（“书”）不仅是制定法律的根据，还是断案指针，官吏当然应多读书，以便“引经决狱”。有例为证：

甲、乙双方相斗，乙抽刀刺甲，而甲之子丙举杖击乙，却误伤了自己的父亲。有人说丙犯了“殴父罪”，应当斩首。另有人从《春秋》中找到了例子：许国太子给有病的父亲喂药，事先自己没尝，父亲吃药后而亡。许太子因此犯了杀父罪，但他喂药是孝心的表现，未先尝药只是一种过失，并非存心害父，最后被赦免。据此，引经者认为：丙见人拔刀刺父，即挺杖相护，本不想伤害父亲。据《春秋》之义，此乃属于“君子原心”，应赦而不诛。

近代以后中国的法学教育是从西方传入的，带有强烈的模仿色彩，教师以留学生为主体；急功近利，充当政治变革的工具；缺少学术传统；各地发展不平衡，且时断时续。中国近代法律教育的序幕是由 1862 年设立的京师同文馆的丁韪良拉开的，法律教育的第一课程为国际法。1867 年，美国传教士丁韪良（W. Matin，1827—1916）出任同文馆的国际法教师，讲授美国学者惠顿（Wheaton，1785—1848）的《万国公法》（Elements of International Law），该课程为同文馆学生第七年学习的必修课。从保留下来的光绪四年（1878 年）的两道公法学试题来看，当时的水平不同一般：

图片来源：http://www. legalinfo. gov. cn/misc/2007-07/02/conten_650630. htm

遣使之权，自主之国皆有之，何以辨之？

此国遣使彼国，有拒而不接者，其故何也？

1895 年甲午战争失败之后，中国先进的知识分子认识到，光有“船坚炮利”也不能救民族于危亡，政制不改，无济于事，遂首先起来呼吁开展法律教育，培养治国干才。康有为（1858—1927）在《上清帝第二书》《上清帝第六书》等中明确提出，应当“废八股，兴学校”，远法德国，近采日本，建立新式大学，开展包括法律在内的各门科学的教育。

在此大势下，1895 年，天津海关道台盛宣怀创办了天津中西学堂，以哈佛大学、耶鲁大学为蓝本，由美国人丁家立任总教习。中西学堂的头等学堂分为法律、采矿冶金、土木工程和机械四科，修业 4 年，法律作为专业在中国近代高等教育中首次设置。继天津中西学堂之后，1896 年建立的上海南洋公学、1898 年建立的京师大学堂也开设了法律课程。1904 年，清政府建立了中国有史以来的第一所法学教育专门机构——直隶法政学堂。随后，全国各地法政学堂纷纷设立，至1909年，全国共有法政学堂47所，学生逾万，法学教育空前兴盛。自此，法政学校的开办在近代中国一直长盛不衰，自1912年至1925年，法政学校即占全国学校数的40%左右，而学生数更是占全国学生数的60%左右，这还不包括大学法科。1932年至1949年间，法科学生数亦占全国学生总数的20%以上。法学再度成为显学。

颇值称道的是，在中国近代法学教育中，私立学校的贡献极为引人注目。在中国近代法制史上占有极重要地位的一群法学家，如王宠惠、吴经熊、盛振为、胡长清、孙晓楼等，皆或毕业于私立法学院，或执教于私立法学院。在各私立法学院中，以1912年的朝阳大学和1915年的东吴大学法学院最负盛名，并称“北朝阳，南东吴”，一时有“朝阳出法官，东吴出律师”的说法。朝阳大学的毕业生中，除少数从事教学和研究之外，几乎所有均供职于司法界，形成“无朝不成院”之势；而东吴大学法学院前18届毕业生中有半数从事律师职业。

东吴大学法学院

东吴大学是由美国基督教差会监理公会开办的教会大学，1900年11月在美国田纳西州取得执照，核准“文学、医学和神学系，以及可能被认为适宜的其他系科”，校名为“东吴大学校”（Soochow University），第一任校长是孙乐文（Rev. David L. Anderson, D. D.）。1915年，东吴大学在上海创设“东吴大学法学院”，又称“中华比较法律学院”，效仿美国法学院，招收的学生都要有大学学历，学院“办学的目标就是使他们完全掌握世界主要法律制度的基本原理。办学的重要目的是培养一代能为中国新的、更好的法律制度作出贡献的人才”。为了达到这一目的，法学院一并开设大陆法、英美法、中国法三个法系课程，突出“英美法”内容。在学习三个法系的基础课程时，学生可以作比较学习，使东吴大学的法学教育在当时饮誉海内外，培养出一大批现当代著名的法学专家，如王宠惠、吴经熊、倪征瞍、李浩培、潘汉典、杨铁樑等，因而东吴大学法学院也被誉为“最著名的法学院”。1952 年全国院系调整时，东吴大学改名为“江苏师范学院”，其法学院并入华东政法学院。1951 年东吴大学旅台同学会推动在我国台湾地区重建东吴大学，1969 年恢复大学建制。如今，东吴大学已成为我国台湾地区的综合性大学，其法律系是我国台湾地区最好的法学院之一，排名第三。

新中国成立之后，由于对旧中国法律和法学理论的否定，我国现代法学教育基本上是从头开始，经历了曲折的发展过程，甚至在“文化大革命”十年间停滞不前。而自 20 世纪 90 年代起，又步入快速发展期。据教育部统计，2015 年，全国共有 627 个法学本科专业学科点，法学专业在校生 311 429 人，知识产权专业在校生 8 472 人，监狱学专业在校生 3 416 人，未分入具体专业的法学类专业在校生 4 601 人。法学已成为一门无可争议的“显学”。

根据教育部学位中心发布的 2017 年全国第四轮学科评估，法学学科学校排名如下表所示①：

评估结果	学校名称
A+	中国人民大学
	中国政法大学
A	北京大学
	清华大学
	华东政法大学
	武汉大学
	西南政法大学
A-	对外经济贸易大学
	吉林大学
	上海交通大学
	南京大学

① 中国学位与研究生教育信息网，http://www.cdgdc.edu.cn/xwyyjsjyxx/xkpgjg/.

续表

评估结果	学校名称
A-	浙江大学
	厦门大学
	中南财经政法大学
B+	北京航空航天大学
	北京师范大学
	南开大学
	辽宁大学
	复旦大学
	苏州大学
	南京师范大学
	山东大学
	湘潭大学
	中南大学
	中山大学
	四川大学

4 法学教育模式

法学教育模式是指直至取得法官、检察官、律师等职业资格的整个法学教育过程的制度设置，法学教育的职业教育性质体现于法学教育模式。在中国，直至取得法律职业资格的法学教育过程为一个阶段：四年大学学习，属本科层次，以培养学生的法律素养为目的，主要是素质教育、专业教育，而非职业教育。在第四年第一学期可参加司法考试，通过者取得法律职业准入资格。随着人们对法学教育的职业性质认识之加深，正在探索一种大学专业学习+职业实习的新法学教育模式，这可借鉴当代世界主要国家的法学教育模式，它们有：

4—1　美国　两个阶段：大学非法学学习 4 年+大学法学学习 3 年

美国的法学教育位于本科之后，即在研究生层次上进行。它要求进入法学院的人必须先有一个非法律本科以上的学位，即文学士（B. A.）或理学士（B. S.）学位，然后经过严格的入学考试进入法学院。学习期限为 3 年。毕业后可以参加各州的律师资格考试。

4—2　英国　三个阶段：大学学习 3 年+律师学院培训 1 年+实习 2 年

法学院面向高中毕业生招收法律本科生，经过 3 年左右的大学学习后毕业，如果要从事法律职业，必须再念 1 年的法律职业培训课程，然后还要进行一到两年的专业实习，才可以取得职业资格，成为正式的法律工作者。

4—3　德国　两个阶段：大学学习 4 年+职业预备期 2 年

学生在大学学习 4 年左右，之后参加第一次考试，它由大学考试和国家考试组成。学生通过考试后进入 2 年的职业预备期，在法院、检察院、律师事务所和政府部门实习。学生最后参加第二次国家考试，通过后便取得充任法官、检察官、律师的资格。

4—4　法国　两个阶段：大学学习 4 年+法官学院培训 2 年半

学生经过 4 年大学学习之后，参加国家、地方团体或法律职业公会组织的考试，合格后，希望成为法官（含检察官）的学生，须通过国家统一组织的国家法官学院（ENM）入学考试，在国家法官学院接受为期 2 年半的法官基础教育（含实习）。成为律师前学生要研修 1 年半。

4—5　日本　三个阶段：大学学习 6 年+司法研修+实习 1 年半

大学学习由“法学部”和“法科大学院”承担。“法学部”的法学教育属 4 年本科层次，以培养学生的法律素养为目的。“法科大学院”的法学教育属硕士研究生层次，以法律职业教育为目的，学生由“法学部”毕业生和非“法学部”毕业生两部分组成，其比例为 7：3，学制分别为 2 年和 3 年。大学学习之后参加司法考试，通过者要在日本司法研修所接受为期半年的作为“法曹”的法律实务教育，并在法院、检察院和律师事务所实习 1 年，成绩合格者才能取得执业资格。

4—6 韩国 两个阶段：大学学习 4 年+司法研修 2 年（法学专门研究生院 3 年）

目前，韩国高等法学教育正处在新旧交替之中。原先的模式是学生在大学学习 4 年，之后参加国家考试，合格后进入司法研修院研修两年。2007 年 7 月 3 日韩国国会通过了《法学专门研究生院法》，该法引进美国式法学教育模式，将法学教育确定为职业教育和本科后教育，从 2009 年起，实行非法律本科 4 年（占学生三分之一以上）或法律本科 4 年+法学专门研究生院 3 年的新模式。

总结各主要国家的法学教育有三点共性：第一，法学教育基本上是职业教育，科学知识和人文素质或融入职业教育过程之中，或在法学教育之前完成；第二，法学教育由大学专业学习和职业培训及实习二至三部分组成，在后一两个阶段重在职业道德和职业技能训练；第三，法律实务界承担职业培训及指导实习任务，因此也是法学教育机构的组成部分。

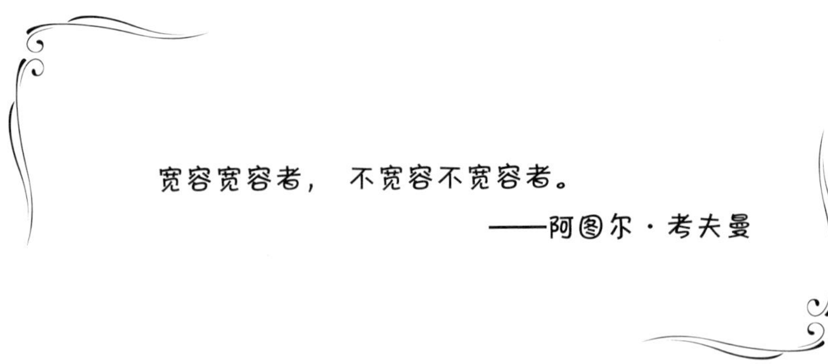

宽容宽容者，不宽容不宽容者。
——阿图尔·考夫曼

卷三

多少法律清风识

法学是最古老的知识之一。所谓知识是被证实的真实信仰，它揭示了知识的三要素：它必须是真的，且必须被相信是真的，还必须为之找到理由或证明。

法学知识是关乎法律的知识，而法律又是关乎人的行为的。人的行为多种多样，大至生老病死，小到衣食住行，法律也就繁如牛毛，那如何能便当地了解浩瀚的法学知识呢？既然法律是关乎人的，就自然人而言，年龄（生理年龄，非心理年龄）是计算自然人生命的时间单位。从总角、黄口之年到豆蔻年华，从而立之年到不惑、知天命、耳顺，及至“从心所欲不逾矩”，人一生及行为往往随着年龄的增长而有较大变化。

当然，年龄对个体的意义不是整齐划一的，因为还有其他因素在起作用，如自然环境、个人际遇，甚至不同的生理、心智条件，等等。为了追求形式平等或者效率，法律往往并不关心年龄掩盖的行为差异，而用年龄来“一刀切”。易言之，年龄恰能体现法律以

“中人”（常人）为规制对象的特性，故才可“看中人，在大处不走作”①。因而，我们暂且把为什么年满6周岁的儿童才能上学，为什么男人22岁以后才能结婚这类“为什么”的问题悬置起来，不妨以年龄当纬，以行为作经，分类述之，以观人如何在法律上成长。

1 法律中的年龄

胎儿

胎儿虽然还不属于完全的“人”，但已经获得了法律上的某种地位。这关乎胎儿的生命、健康和财产。

（1）民事

《民法典》第16条 涉及遗产继承、接受赠与等胎儿利益保护的，胎儿视为具有民事权利能力。但是，胎儿娩出时为死体的，其民事权利能力自始不存在。

《民法典》第1155条 遗产分割时，应当保留胎儿的继承份额。胎儿娩出时是死体的，保留的份额按照法定继承办理。

（2）刑事

《刑法》第49条第1款 犯罪的时候不满18周岁的人和审判的时候怀孕的妇女，不适用死刑。

《刑事诉讼法》第265条第1款第2项 怀孕……的妇女可以暂予监外执行。

出生

出生，人生的起始。胎儿一旦娩出母体并具有生命，此时就叫作“人”了。

（1）国家法

公民资格因出生取得。

《国籍法》第4条 父母双方或一方为中国公民，本人出生在中国，具有中国国籍。

---

① （明）陈继儒：《小窗幽记》，卷一，18页，天津，百花文艺出版社，2007。

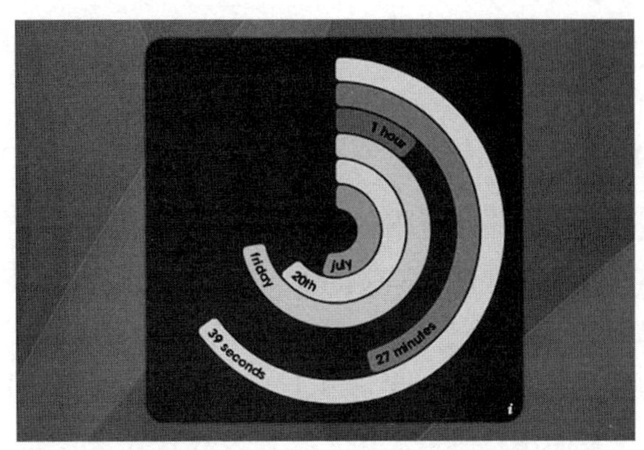

图片来源：http://www.idnow.net/blog/index.php%3Fg... tegory_4

（2）民法

公民从出生时享有民事上的法律主体地位。

《民法典》第 13 条　自然人从出生时起到死亡时止，具有民事权利能力，依法享有民事权利，承担民事义务。

1 岁~7 岁

1 岁~7 岁虽是“人”了，但要么还在牙牙学语、步履蹒跚，要么不谙世事、茅塞未开，法律对他们予以特殊关照。

（1）行政法

《义务教育法》第 11 条第 1 款　凡年满六周岁的儿童，其父母或者其他法定监护人应当送其入学接受并完成义务教育；条件不具备的地区的儿童，可以推迟到七周岁。

《道路交通安全法》第 64 条　学龄前儿童……在道路上通行，应当由其监护人、监护人委托的人或者对其负有管理、保护职责的人带领。

（2）刑法

《刑法》第 239 条第 3 款　以勒索财物为目的偷盗婴幼儿的，依照前两款的规定处罚。

《刑法》第 240 条第 1 款第 6 项　以出卖为目的，偷盗婴幼儿的，处 10 年以上有期徒刑或无期徒刑，并处罚金或者没收财产；情节特别严重的，处死刑，并处没收财产。

司法解释　儿童是指不满 14 周岁的人。其中不满 1 周岁的为婴儿，1 周岁以上不满 6 周岁为幼儿。①

8 岁~12 岁

十年树木，绿荫庇地，而人满 10 岁，不仅身体而且心智也似乎向上蹿了一节，可以进行与他/她的年龄、智力相适应的民事活动。

（1）民法

《民法典》第 19 条　八周岁以上的未成年人为限制民事行为能力人，实施民事法律行为由其法定代理人代理或者经其法定代理人同意、追认；但是，可以独立实施纯获利益的民事法律行为或者与其年龄、智力相适应的民事法律行为。

《民法典》第 20 条　不满八周岁的未成年人为无民事行为能力人，由其法定代理人代理实施民事法律行为。

《民法典》第 145 条第 1 款　限制民事行为能力人实施的纯获利益的民事法律行为或者与其年龄、智力、精神健康状况相适应的民事法律行为有效；实施的其他民事法律行为经法定代理人同意或者追认后有效。

（2）行政法（规）

《道路交通安全法实施条例》第 72 条　在道路上驾驶自行车、三轮车、电动自行车、残疾人机动轮椅车应当遵守下列规定：（一）驾驶自行车、三轮车必须年满 12 周岁……

（3）刑法

《刑法》第 17 条第 3 款 已满十二周岁不满十四周岁的人，犯故意杀人、故意伤害罪，致人死亡或者以特别残忍手段致人重伤造成严重残疾，情节恶劣，经最高人民检察院核准追诉的，应当负刑事责任。

14 岁~15 岁

人在这个年龄处于反叛期，法律介入了他们的反社会行为。

---

① 《最高人民法院关于审理拐卖妇女儿童犯罪案件具体应用法律若干问题的解释》。

（1）刑法

《刑法》第17条第2、3款　已满十四周岁不满十六周岁的人，犯故意杀人、故意伤害致人重伤或者死亡、强奸、抢劫、贩卖毒品、放火、爆炸、投毒罪的，应当负刑事责任。

《刑法》第236条第2款　奸淫不满十四周岁的幼女的，以强奸论，从重处罚。

《刑法》第262条　拐骗不满十四周岁的未成年人，脱离家庭或者监护人的，处五年以下有期徒刑或者拘役。

（2）行政法

《治安管理处罚法》第12条　已满十四周岁不满十八周岁的人违反治安管理的，从轻或者减轻处罚；不满十四周岁的人违反治安管理的，不予处罚，但是应当责令其监护人严加管教。

《治安管理处罚法》第43条第2款　殴打、伤害……不满十四周岁的人……处十日以上十五日以下拘留，并处500元以上1 000元以下罚款。

《扫除文盲工作条例》第2条　凡年满十五周岁以上的文盲、半文盲公民，除丧失学习能力的以外，不分性别、民族、种族，均有接受扫除文盲教育的权利和义务。

16岁

16岁的人又迈上了一个法律新台阶，他们可以独立从事诸多事务。

（1）行政法

《未成年人保护法》第2条　本法所称未成年人是指未满十八周岁的公民。

《道路交通安全法实施条例》第72条第2项　驾驶电动自行车和残疾人机动轮椅车必须年满16周岁……

《道路交通安全法实施条例》第73条　在道路上驾驭畜力车应当年满16周岁，并遵守下列规定：……

《治安管理处罚法》第21条第1项　已满14周岁不满16周岁的人违反治安管理，依法应当给予行政拘留处罚的，不执行行政拘留处罚。

《治安管理处罚法》第 84 条第 3 款　询问不满十六周岁的违反治安管理行为人，应当通知其父母或者其他监护人到场。

（2）民法

《民法典》第 18 条第 2 款　十六周岁以上的未成年人，以自己的劳动收入为主要生活来源的，视为完全民事行为能力人。

（3）社会法

《劳动法》第 15 条　禁止用人单位招用未满 16 周岁的未成年人。文艺、体育和特种工艺单位招用未满 16 周岁的未成年人，必须依照国家有关规定，并保障其接受义务教育的权利。

《劳动法》第 58 条第 2 款　未成年工是指年满 16 周岁未满 18 周岁的劳动者。

《劳动法》第 64 条　不得安排未成年工从事矿山井下、有毒有害、国家规定的第四级体力劳动强度的劳动和其他禁忌从事的劳动。

（4）刑法

《刑法》第 17 条第 1、5 款　已满十六周岁的人犯罪，应当负刑事责任。

因不满十六周岁不予刑事处罚的，责令其父母或者其他监护人加以管教；在必要的时候，依法进行专门矫治教育。

《刑法》第 49 条第 1 款　犯罪的时候不满十八周岁的人……不适用死刑。

《刑事诉讼法》第 285 条　审判的时候被告人不满十八周岁的案件，不公开审理。但是，经未成年被告人及其法定代理人同意，未成年被告人所在学校和未成年人保护组织可以派代表到场。

《刑事诉讼法》第 286 条　犯罪的时候不满十八周岁，被判处五年有期徒刑以下刑罚的，应当对相关犯罪记录予以封存。

18 岁

一个完全的人出现，他可以参与政治，可以独立地进行民事活动。

（1）国家法

《宪法》第 34 条　中华人民共和国年满十八周岁的公民，不分民族、种族、性别、职业、家庭出身、宗教信仰、教育程度、财产状况、居住期限，都有选举权和被选举权；但是依照法律被剥夺政治权利的人除外。

《公务员法》第 13 条　公务员应当具备下列条件：……（二）年满十八周岁……

《人民警察法》第 26 条　担任人民警察应当具备下列条件：（一）年满十八岁的人民……

《城市居民委员会组织法》第 9 条第 1 款　居民会议由十八周岁以上的居民组成。

《村民委员会组织法》第 21 条　村民会议由本村十八周岁以上的村民组成。

《兵役法》第 15 条第 1 款　每年十二月三十一日以前年满十八周岁的男性公民，都应当按照兵役机关的安排在当年进行初次兵役登记。

（2）民法

《民法典》第 17 条　十八周岁以上的自然人为成年人。不满十八周岁的自然人为未成年人。

《民法典》第 18 条第 1 款　成年人为完全民事行为能力人，可以独立实施民事法律行为。

20 岁、22 岁

这是男大当婚、女大当嫁的韶光，但都市里仍有不少“剩男”“剩女”。

民法

《民法典》第 1047 条　结婚年龄，男不得早于二十二周岁，女不得早于二十周岁。

25 岁

迈向法律职业的年龄条件。

国家法

《公证法》第 18 条　担任公证员的最低年龄为 25 周岁，最高年龄为 65 周岁。

45 岁

年满 45 周岁的中国人有五亿分之一的机会担任国家元首，但程序太繁。

国家法

《宪法》第 79 条第 2 款　有选举权和被选举权的年满四十五周岁的中华人民共和国公民可以被选为中华人民共和国主席、副主席。

50 岁~65 岁

忙碌了大半世，该颐养天年，但男女退休不同龄不时引发争议。

（1）国家法（或规定）

国务院《关于延长部分骨干教师、医生、科技人员退休年龄的通知》　女同志最长不得超过六十周岁，男同志最长不得超过六十五周岁。

中组部、人力资源和社会保障部《关于机关事业单位县处级女干部和具有高级职称的女性专业技术人员退休年龄问题的通知》　党政机关、人民团体和事业单位中的正、副处级女干部和具有高级职称的女性专业技术人员，将年满六十周岁退休。

（2）社会法

《国务院关于工人退休、退职的暂行办法》　男年满 60 周岁，女年满 50 周岁。

《老年人权益保障法》第 2 条　本法所称老年人是指 60 周岁以上的公民。

（3）行政法

《治安管理处罚法》第 43 条第 2 款第 2 项　殴打、伤害……60 周岁以上的人的，处 10 日以上 15 日以下拘留，并处 500 元以上 1 000元以下罚款。

70 岁~75 岁

子曰：七十而从心所欲，不逾矩。即便逾矩，也从宽对待。

（1）行政法

《治安管理处罚法》第 21 条第 3 项　70 周岁以上的人违反治安管理，依法应当给予行政拘留处罚的，不执行行政拘留处罚。

（2）民法

最高人民法院《关于审理人身损害赔偿案件适用法律若干问题的解释》（2020 年修正）第 12 条第 1 款　残疾赔偿金根据受害人丧失劳动能力程度或者伤残等级，按照受诉法院所在地上一年度城镇居民人均可支配收入或者农村居民人均纯收入标准，自定残之日起按二十年计算。但六十周岁以上的，年龄每增加一岁减少一年；七十五周岁以上的，按五年计算。

（3）刑法

《刑法》第 17 条之一　已满七十五周岁的人故意犯罪的，可以从轻或者减轻处罚；过失犯罪的，应当从轻或者减轻处罚。

《刑法》第 49 条第 2 款　审判的时候已满七十五周岁的人，不适用死刑，但以特别残忍手段致人死亡的除外。

逝者

人死如灯灭，但人死连着活人，活人还要生活。

自然人的主体资格终于自然人的死亡，但是在自然人死后，其尸体和生前的姓名、肖像、名誉、隐私、形象以及著作权中的精神权利等人身权益，应该被保护并合理利用，尽管在此问题上存在争议。

（1）刑法

《刑法》第 302 条　盗窃、侮辱、故意毁坏尸体、尸骨、骨灰的，处三年以下有期徒刑、拘役或者管制。

自然人死亡后，丧失生命的物质形态，但尸体涉及种种利益：

一是死者生前基于其人身权所产生的利益，如死者的姓名利益、肖像利益、名誉利益、身体利益等，一般为死者近亲属所享有，特殊的如著作权、人身权益则由死者近亲属予以保护，通常不能转让、剥夺或继承。

二是死者近亲属的人身利益，如死者近亲属对死者的缅怀、哀悼、祭奠等心理情感，对死者尸体进行火化、安葬、祭祀，以及其他妥善处理尸体的活动。

三是社会的善良风俗和公共利益。

（2）民法

《民法典》第994条　死者的姓名、肖像、名誉、荣誉、隐私、遗体等受到侵害的，其配偶、子女、父母有权依法请求行为人承担民事责任；死者没有配偶、子女且父母已经死亡的，其他近亲属有权依法请求行为人承担民事责任。

2　清风乱翻书　法律知多少

从以上所述中我们知道，人生的各阶段都与法律存在各种关联，但这绝非全部，为使人一目了然，可将这些关联在知识上分为几大类型，以中国正式分类为例，中国法律有七大类——宪法及宪法相关法、民法商法、行政法、经济法、社会法、刑法、诉讼与非诉讼程序法，它们构成了一个完整的法律体系。以与人生关联的紧密度为序，分述如下。

2—1　私人生活的圣经——民法

人的生活皆以私人生活为基础，从生到死几十年间，私人生活丰富多彩，民法就是调整私人之间一般社会生活的法律，也因此，民法大体上也可称作私法。但“私”并不意指不与他人交往，老死不相往来的纯私人生活并不存在。有交往便形成各式各样的关系，民法把它们分为两个部类：人身关系和财产关系。

（1）人身关系

人身关系包括人格关系与身份关系。

A. 人格关系。

人格是人之所以作为人的要素或者条件。自然人的人格要素包括生命、身体、健康这类物质要素，姓名、肖像、自由、名誉等精神要素；法人的人格要素体现为名称、自由、名誉、荣誉等精神性要素。这些要素是维持人的生存及能力所必需的，不得抛弃、转让或被非法剥夺。

韩愈名誉权

我国台湾地区郭某以笔名“干成”在某刊物发表《韩文公、苏东坡给与潮州后人的观感》一文。该文指称韩愈在潮州经常光顾风月场所，并染上风流病，以致体力过度消耗，后误信方士之言，以硫黄做补剂，死于硫黄中毒。韩愈之第 39 代孙韩某以其祖先素以道德文章而为世人所尊敬，郭某及某刊物无中生有，严重侵犯韩愈的名誉，因此向法院提起诉讼，要求郭某及某刊物赔礼道歉、恢复名誉、赔偿损失。郭某被判构成诽谤死人罪而处罚金 300 元，受到台湾地区学者的批判。

B. 身份关系。

因血缘、婚姻、家庭必然会发生亲属和夫妻之间的扶养、抚养、赡养、法定监护、法定继承等社会关系，这些关系在法律上表现为身份权关系，如亲权、亲属权、监护权、继承权等。

陈、叶、戴重婚

2001 年 5 月 16 日，广西东兴市江平镇贵明村 28 岁的陈某君发出请帖，同时跟 26 岁的海南姑娘叶某秀、22 岁的湖南姑娘戴某美举办婚礼。对于陈、叶、戴三人的行为，一些人认为他们犯了重婚罪，其婚姻应该被解除，并应承担相应的法律责任。另外一些人则认为，只有两种情况我国法律才认定为重婚罪：一是有配偶的人，在夫妻关系存续期间又与他人登记结婚的；二是有配偶的人，在夫妻关系存续期间虽未与他人登记结婚，但双方以夫妻名义同居生活的。而陈、叶、戴三人是同日举办婚礼，那么谁是“原配”、谁是“他人”呢？另外，重婚罪属自诉案件，叶、戴都没有告陈重婚，那么，又何谈陈犯重婚罪呢？①

（2）财产关系

为了生活人们还需进行产品的生产、分配、交换和消费，对具

---

① 资料来源：http://gzdaily.dayoo.com/gb/content/2001-12/28/c …。

体财产关系进行调整的法律主要有民法、行政法、经济法、劳动法等。其中，民法调整平等主体之间的财产关系，这是具体社会经济关系中最活跃、最大量的部分，按其性质主要可分为财产支配、占有关系和财产流转关系。

还欠款

1997 年 9 月 15 日，张某骑自行车时被王某驾车撞伤。经交警部门调解处理，王某承诺赔偿张某医疗费等 6 700 元，并在欠条上注明欠款数额和日期。次年 5 月 13 日，王某到张某家还款时，在欠条下方写下“还欠款伍仟柒佰元整”，但未签名。后张某索要欠款时，因王某称已还款 5 700 元而发生纠纷。张某诉至法院，请求追回尚欠赔偿费 5 700 元。

法院认为，因欠条上写的“还欠款伍仟柒佰元整”的“还”字是多音字，而争议的焦点就在这个字上，究竟是“hái”还是“huán”，张某提供不出充分的证据。8 月 28 日法院只得依法作出驳回其诉讼请求的判决。张某不服，表示将上诉。①

另外，民法还调整因著作权、发明权、专利权而发生的知识产权关系，即以智慧财产为客体的民事关系。这种关系表现出人身和财产关系的两位一体性。在这里，财产关系是与人身关系紧密联系着的，比如享有专利权的人可以通过制造、使用或销售专利产品而获得经济利益。

谷歌侵犯版权

谷歌（Google）公司于 2004 年开始与图书馆和出版商合作，大量扫描图书，欲打造“世界上最大的数字图书馆”，使用户可以在线浏览图书或获取相关信息。早在 2005 年 9 月，美国多家图书出版商和美国作家协会就指控谷歌侵犯了它们的版权。2008 年，谷歌与美国作家协会和出版商协会达成和解协议，协议称：如果被侵害的权利人同意，谷歌对每本书至少赔偿 60 美元。今后使用时，支付给版权人使用费，使用费为销售收入的 63%，权利人可选择让其继续使

① 资料来源：《生活时报》，1998-09-16。

用或要求删除图书。如不同意和解，可提出诉讼，另行要求赔偿。

这一和解协议被称为“霸王条款”。据统计，近5年间，中国至少有570位作家的17 922种作品，在作者毫不知情的情况下被谷歌图书馆收录。2009年9月27日，中国文字著作权协会发表《致广大著作权人通知书》的公告，号召“广大作者勇敢地站出来，坚决维护合法权益”①。

2—2　罪犯的大宪章——刑法

一般人对刑法总是避犹不及，但如果一个社会没有刑法，那还不到处是弱肉强食、明火执仗的丛林？我们之所以安居乐业，是因为有刑法这只无影之“手”按住了心存不良的歹人。所以，一部法律史，无论中外，大半写下的是刑法，从西欧中世纪德拉古法典到中国的唐律。刑法与犯罪相关，在这个意义上，刑法可以说是犯罪规制法，从而区别于民法和行政法。刑法由两部分构成：何谓犯罪，如何处罚。

（1）犯罪

犯罪是古老的现象，是严重的反社会行为，杀人越货、打家劫舍，大家耳熟能详。继2015年《刑法修正案（九）》之后，中国刑法确定的罪名共有468个。界定犯罪有三个标准：首先是触犯了刑律，其次是侵害了刑法所保护的利益，最后是应当受到惩罚。

古怪的犯罪和搞笑的罪犯

印尼　印尼的西加曼丹有条法律规定，如果谁救了将要溺水的女人，那就要被判处死刑。所以，此地妇女都很会游泳，至今未有一女性被淹死。

英国　在英国很多地方，法律都明确规定，烹调时生煎活虾要治罪。人们从市场上买回活虾后，要么只能红烧，要么等活虾死后再油煎。

美国　美国2002年窃贼排行榜的搞笑“状元”，非杰克伯莫属。

---

①《谷歌否认侵犯作家著作权　专家称商业模式不能掩盖》，见中广网，访问时间：2009-10-31。

在一次抢劫中，他竟失手摔破了自己的假冒手枪；还有一次在超市，当杰克伯试图用胡椒粉喷射收银员时，自己却哮喘发作。连他本人也不得不承认，“自己天生不是当坏蛋的料”。

德国刑法学家李斯特将刑法视为罪犯的大宪章，意在说明罪犯也有自己的权利，刑法应予以保护。

（2）刑罚

刑罚是犯罪的成本，有犯罪就必须进行处罚，天经地义。刑罚的惩罚性主要是通过对犯罪人的某种利益或者权利的剥夺而实现的，而剥夺的方法有所不同。人类对待自己犯下罪行的同类曾过于残暴，中国古代有五刑，五刑又有奴隶制五刑和封建制五刑之分。

五刑

奴隶制五刑　包括墨、劓、剕、宫、大辟。墨刑——在额头上刻字涂墨，劓（yì）刑——割鼻子，剕（fèi）刑——砍脚，宫刑——毁坏生殖器，大辟——死刑。这种五刑由五行相克而产生，“火能变金色，故墨以变其肉；金能克木，故剕以去其骨节；木能克土，故劓以去其鼻；土能塞水，故宫以断其淫；水能灭火，故大辟以绝其生命”（《逸周书逸文》）。

封建制五刑　分别为笞、杖、徒、流、死。除主要的五刑之外还有磔（俗称凌迟）、髡（即剃发）、髌（也作膑，割膝骨）、炮格（也作炮烙）、刵（割耳朵）等。

现代国家多废除了肉刑，选择死刑的执行方式时也趋向减少受刑人的痛苦，如采取注射毒品的方法执行死刑。现代刑罚体系为：

依刑罚的手段可分为：

生命刑：死刑

自由刑：徒刑（无期徒刑、有期徒刑）、监禁（包括终身监禁）、拘役、管制

财产刑：罚金、罚款、没收、没收财产

资格刑：剥夺政治权利

依刑罚的性质可分为：

主刑

中国：管制、拘役、有期徒刑、无期徒刑、死刑

附加刑

中国：罚金、剥夺政治权利、没收财产（可以独立适用）、驱逐出境

沙特的石刑

据英国《独立报》2009 年 7 月 20 日报道，沙特阿拉伯一名王妃日前在英国获得避难权。她出生于沙特一个非常富有的家庭，其年长的丈夫是沙特皇室成员。她在伦敦访问时与一名英国男子坠入情网。发现自己怀孕后，她害怕丈夫察觉，于是说服他允许自己再次前往英国，以便悄悄把孩子生下来。由于担心自己返回沙特会被以通奸罪判处极刑（石刑），她遂向英国的一个法庭申请庇护。法官日前批准了她的请求。

在沙特，多数死刑的实施是在公共场合将犯人斩首。石刑是对通奸的已婚人士所适用的刑罚，最极端的也会用上砍头或绞刑。谋杀、贩毒等罪行也会被处以石刑。①

全世界二百多个国家和地区中，尚保留死刑的国家约为 40 个，其中有近十个国家在近 20 年来没有真正执行过死刑（实际上已废除），在其余约 30 个国家中，约一半国家对非暴力犯罪不判处死刑（即死刑只针对强奸、杀人等恶性暴力犯罪）。

2—3　限制政府，保障民权——行政法

“法不禁止，即可为之”，这是对公民而言，对政府则适用“法未规定，不可为之”，因为政府重权在握，必须予以限制，限制的主要方式是用法律明确规定其权限，行政法便担负着这一重任。为此，行政法首先调整行政主体对公民、法人和其他组织等的行政管理，如行政许可、行政征收、行政给付、行政裁决、行政处罚、行政强

---

① 资料来源：http://www.ce.cn/xwzx/gjss/gdxw/2009-07-21/t20090...，访问时间：2010-02-04。

制等；其次规制行政救济，即在公民、法人和其他组织的合法权益受到行政主体的侵犯时，如何申请救济；最后要确定行政主体内部的行为，如上下级行政机关之间、平行行政机关之间的行为。

重要的综合性行政法律主要有：行政组织法、国家公务员法、行政处罚法、行政强制法、行政许可法、行政程序法、行政公开法、行政复议法、行政诉讼法、国家赔偿法等。由于政府的公共事务繁多，在每个领域形成许多具体行政法，如公安行政法、教育行政法、卫生行政法等。

德国“十字架山案”

1882 年，为了使所有的市民可以望见十字架山上的一座胜利纪念碑，柏林警察机关公布了一个“建筑禁令”，限制十字架山四周房屋建筑的高度，以防止遮挡市民观赏纪念碑。对于警察机关的这一禁令，法院以“没有法律授权不得为不必要措施”为由，判决其无效。这是行政法中的比例原则首次在判决中被明确承认。比例原则的核心指行政主体在实施行政行为时，手段与目的之间要有适当性，不但要努力实现行政目标，还应该尽量避免给行政相对人及社会带来不必要的损失。

2—4　权利如何救济——诉讼与非诉讼程序法

有权利就有救济，否则，权利形同虚设。因为侵犯权利和权利纠纷不可避免，这就需要有解决的规范。救济、解纷的方式又有不同形式，主要分诉讼、仲裁与调解三种。

（1）诉讼

诉讼为最严格的解纷形式。诉，告也，讼，争也，诉讼即为一方告诉，另一方争辩，由国家的权威机构来解决争议，俗称“打官司”。因所侵犯的权利的性质不同，人们设置了不同的解决程序，主要包括刑事诉讼、民事诉讼、行政诉讼，但无论何种诉讼，都包括起诉、审判和执行这三个最基本的阶段。

刑事诉讼是解决被追诉者刑事责任问题的诉讼活动。如某人盗窃他人电脑一台被公安机关侦破，由检察机关起诉至法院，法院判处他1年有期徒刑。这是最为常见的刑事诉讼。当事人之间因名誉、隐私、婚姻、继承、合同、医疗、劳动等权益产生矛盾或者经济利益冲突，向法院所提起的诉讼，则属民事诉讼。而某人对交通警察的罚款不服，诉至法院，是行政诉讼，即公民、法人或者其他组织认为行政机关作出的行政行为侵犯其合法权益，可依法定程序向法院起诉。这三种诉讼分别适用刑事诉讼法、民事诉讼法和行政诉讼法。

米兰达规则

图片来源：http://www.fyfz.cn/blog/haidiche/200965125412.jpg

1963年，美国小伙子米兰达因涉嫌劫持并强奸一名女青年而被警方逮捕。在警察的审问下，米兰达招供。后亚利桑那州法院根据其供述判他有罪。米兰达对判决不服，上诉至联邦最高法院。他声称他并不知道自己的供述会成为法院判决的依据，也不知道自己有权请律师。联邦最高法院认为，警察未告知米兰达有权保持沉默、有权请律师，违反了宪法的有关规定。于是，州法院的判决被推翻，米兰达被释放。从此，美国警察衣袋里都装有一张小卡片，这就是著名的“米兰达警告”（也称“米兰达忠告”），上写：

“宪法要求我告知你以下权利：

“1. 你有权保持沉默，你对任何一个警察所说的一切都将可能被作为法庭对你不利的证据。

“2. 你有权利在接受警察询问之前委托律师，他（她）可以陪伴你受询问的全过程。

“3. 如果你付不起律师费，只要你愿意，在所有询问之前将免费为你提供一名律师。

“4. 如果你不愿意回答问题，你在任何时间都可以终止谈话。

“如果你希望跟你的律师谈话，你可以在任何时间停止回答问题，并且你可以让律师一直伴随你询问的全过程。”

警察在逮捕犯罪嫌疑人时，不管形势多么急迫，必须提醒他们拥有沉默的权利和请律师的权利。米兰达规则对于限制国家滥用权力、消除警察刑讯逼供、保护公民起到了重要作用。

（2）仲裁

诉讼由于其严格的程序所耗费的时间成本、金钱成本均较高，仲裁以其一裁终局的经济性发挥着广泛的作用，它是基于双方约定将民事争议交由第三方来裁判的解纷方式。

目前中国可仲裁的事项为合同纠纷、其他财产权益纠纷和劳动争议，具体有经济合同、知识产权、房地产合同、期货和证券交易、保险合同、借贷合同、票据、抵押合同、运输合同和海商纠纷等，还包括涉外、涉港澳台的经济纠纷，以及国际贸易、国际代理、国际投资、国际技术合作等方面的纠纷。其他财产权益纠纷主要是指由侵权行为引发的纠纷，这较多发生在产品质量责任和知识产权领域。劳动争议包括因劳动合同、除名、辞退和辞职、离职等发生的争议。上述仲裁事项分别由经济合同仲裁组织、劳动争议仲裁组织、国际经济贸易仲裁组织和海事仲裁组织负责。

（3）调解

调解则是最具中国传统的制度，它是争议双方在第三方调和下达成一致意见的解纷方式。调解分为人民调解、法院调解、行政调解、仲裁调解等。人民调解是人民调解委员会进行的调解；法院调解是在诉讼中进行的调解；行政调解是基层人民政府或者国家行政机关进行的调解；仲裁调解发生在仲裁过程中。调解事项有民事纠纷、行政争议和轻微的刑事案件，其特点为第三方调和、双方合意（无胜败）、合法或意思自治。

我的狗要照 X 光验伤①

2009 年 6 月 11 日，文先生驾车行至桂园路 19 号，误撞伤路中央的小狗，恰被狗主人郑女士（化名）看见，于是报警。湾仔派出

① 资料来源：珠海市司法局-珠海法律在线，见 http://www.zhsf.gov.cn/sort.asp?lan=zh-cn&id=78，访问时间：2010-02-04。

所接警后将该纠纷移交湾仔街道人民调解委员会进行调处。狗主人认为责任全在车主，要求先行支付小狗的医治费用。车主文先生则质疑小狗是否是自己开车所撞，即使是自己撞了，责任也不应全由自己承担，郑女士同样未尽看管责任。调解员建议先给小狗做检查，随后再进行责任划分。

经过兽医站医生检查，小狗并没有骨折，抹点药油便可“出院”。但郑女士坚持要替狗拍X光片，文先生认为是对方无理取闹，气急之下要与郑女士打官司。两人又回到人民调解委员会。后经调解员劝说，最终，郑女士不再提出拍X光片验伤，文先生也打消了起诉念头，双方达成和解。

《法国人权和公民权宣言》
图片来源：http://www.360doc.com/content/07/1217/2...32.shtml

2—5　权利宣言书——宪法

宪法是一个国家、地区、自治地区、联邦制国家的州的根本大法，有基本法等称呼，例如《德国联邦基本法》和《中华人民共和国香港特别行政区基本法》。宪法规定的事项主要有国家政治架构、政府组成与职能、权力制衡模式和公民的权利义务等。宪法位于法律体系金字塔的塔顶，拥有至高无上的权威，其效力高于本国其他法律和法规。世界上第一部成文宪法是1787年9月通过的《美国宪法》。

中国宪法

第2条　中华人民共和国的一切权力属于人民。

人民行使国家权力的机关是全国人民代表大会和地方各级人民代表大会。

人民依照法律规定，通过各种途径和形式，管理国家事务，管理经济和文化事业，管理社会事务。

2—6　国家干预经济的工具——经济法

为防范风险，国家需从整体经济发展的角度，对具有社会公共性的经济活动进行干预、管理和调控，经济法充当了重要工具。

——规范经济组织，保证市场经济顺利发展。这方面的法律有公司法、外商投资企业法、合伙企业法、个人投资法等。

——干预市场经济运行过程。这方面的法律有证券法、票据法、破产法、金融法、保险法、房地产法、环境法、自然资源法等。

——规范经济秩序。现代经济法的核心是垄断禁止法。这方面的法律有反垄断法、反不正当竞争法、消费者权益保护法和产品质量法。

——宏观调控，使整个国家经济平稳运行。这方面的法律有财政法、税法、计划法、产业政策法、价格法、会计法和审计法等。

2—7　个人生存的安全网——社会法

宪法和行政法主要保护公民的政治权利。民商法侧重于保护公民的民事权利。社会法的主旨在于保护公民的社会权利，尤其是保护弱势群体的利益，侧重于解决社会运行过程中产生的社会不公问题，如城乡差别、贫富分化、“三农”问题、下岗失业、劳资冲突、教育乱收费、看病难与看病贵、食品及药品安全、生产事故等一系列“社会病”。这些法律既不是公法也不是私法，而是介于两者之间。包括社会保险法、社会救济法、社会福利法等在内的社会保障法体系，是社会法的骨干法。

我国现行的社会法有《劳动法》《劳动合同法》《就业促进法》《工会法》《未成年人保护法》《老年人权益保障法》《妇女权益保障法》《残疾人保障法》《矿山安全法》《红十字会法》《公益事业捐赠法》等。

未签劳动合同

安徽籍外出务工人员李某于2008年2月来到某商场打工，从事清洁工作，口头约定每月工资1 200元，未签订任何劳动合同或劳动协议，也未约定养老保险、医疗保险等社会保险金的缴付问题。但是单位每月只给李某600元，声称剩余600元等到年底一并发放。2009年1月，李某要求单位发放剩余工资，单位却说工资早已发放，就是每月600元，不存在扣除问题。由于李某当初没有跟商场签订书面劳动合同，对于工资额度、发放方式等问题无从考证，因而增加了劳动者的维权难度。①

2—8　地球村的村规民约——国际法

技术的发达、交往的需求使人类居住的地球日益变得像一个村落，在这个村落里也需村规民约，国际法就是。传统上，国际法规定主权国家之间以及其他具有国际人格的实体的关系，具有公的性质，故称国际公法。半个世纪以来，国际法的范围急剧扩大。它从调整正式外交到扩大处理最多样的国际活动，从贸易到环境保护，从人权到科技合作、商业、文化、安全、发展等领域。同时，国际法正在从和平共处的法向着国际合作的法转变。今天，国际法还包括国际私法、国际经济法、国际环境法、国际组织法、国际刑法等。

东京审判

图片来源：http://epaper.syd.com.cn/syrb/html/2007-11/04/content_302265.htm

纽伦堡审判

1945年8月8日，苏、美、英、法四国签署《伦敦协定》和《欧洲国际军事法庭宪章》，规定由上述四国各指派一名法官和一名预备法官组成国际军事法庭，对纳粹德国首要战犯进行统一审判。

① 资料来源：民工网，http://www.mingong123.com/news/mgzz/201002/c64cf。

纽伦堡审判根据下述四条罪行起诉和定罪：A. 策划、准备、发动或进行战争罪。B. 参与实施战争的共同计划罪。以上两条罪行合起来被称为破坏和平罪。C. 战争罪。D. 违反人道罪。

1945 年 10 月 18 日，国际军事法庭第一次审判在柏林举行，1945 年 11 月 20 日移至德国纽伦堡城，经过 216 次开庭，于 1946 年 10 月 1 日结束。法庭对 24 名被告中的 22 人作了宣判：戈林、博尔曼、弗兰克、弗里克、约德尔、卡尔滕布龙纳、凯特尔、里宾特洛甫、罗森贝格、绍克尔、赛斯-英夸特、施特赖歇尔等 12 人被处绞刑，其中 10 人被执行（戈林刑前自杀，博尔曼被缺席审判）。冯克、赫斯、雷德尔等 3 人被判无期徒刑，希拉赫、施佩尔、邓尼茨、纽赖特等 4 人被判 10 年~20 年徒刑，弗里切、巴本、H. 沙赫特等 3 人被宣布释放。在被起诉的组织和团体中，党卫军、特别勤务队和盖世太保以及纳粹党元首兵团被宣布为犯罪组织。

纽伦堡审判为以后对破坏和平罪的审判奠定了基础，标志着国际法的重大发展。

2—9 法律“新贵”——欧盟法

上文的法律可分为国内法和国际法两个不同领域，国内法和国际法两者截然不同。但欧盟各国不仅通过国际条约将属于国内法调整和管理的经济事务交与欧盟，还通过缔结国际条约的方式将完全属于本国内政的政治性、社会性事务也托付给欧盟。这创立了一个新的法律类型，它既非国内法也非国际法，极大地丰富和发展了人类法律体系。

欧盟法由两部分构成：一是成员国之间就欧共体及欧盟的建立与发展而缔结的条约，二是欧盟建立后制定的各项立法。前者构成欧盟及其法律体系的基础，故被称为“基础条约”，包括《罗马条约》《马斯特里赫特条约》《尼斯条约》《里斯本条约》。后者为欧盟主要机构（欧盟委员会、理事会）根据基础条约制定的条例、指令、决定。

欧盟　欧元区　申根国

欧盟　欧洲联盟的简称，是由欧洲共同体发展而来的，是一个集政治实体和经济实体于一身的区域一体化组织。欧盟共有27个成员国（正式官方语言有24种）：奥地利、比利时、保加利亚、塞浦路斯、克罗地亚、捷克共和国、丹麦、爱沙尼亚、芬兰、法国、德国、希腊、匈牙利、爱尔兰、意大利、拉脱维亚、立陶宛、卢森堡、马耳他、荷兰、波兰、葡萄牙、罗马尼亚、斯洛伐克、斯洛文尼亚、西班牙、瑞典。

欧元区　指欧盟国家中使用欧盟的统一货币"欧元"的国家区域，目前共有18个成员国：奥地利、比利时、芬兰、法国、德国、爱尔兰、意大利、卢森堡、荷兰、葡萄牙、西班牙、希腊、斯洛文尼亚、塞浦路斯、马耳他、斯洛伐克、爱沙尼亚、拉脱维亚，人口超过3.3亿。

申根国　指《申根公约》成员国。根据该公约，在各成员国家之间取消边境管制，持有任一成员国有效身份证或签证的人可以在所有成员国境内自由流动。申根国有26个：奥地利、比利时、丹麦、芬兰、法国、德国、冰岛、意大利、希腊、卢森堡、荷兰、挪威、葡萄牙、西班牙、瑞典、匈牙利、捷克、斯洛伐克、斯洛文尼亚、波兰、爱沙尼亚、拉脱维亚、立陶宛、马耳他、瑞士和列支敦士登。

12名陪审员在审理一桩索赔案。原告是一个农民，他损失了24头猪。原告律师声情并茂地对陪审团说："我的当事人损失了24头猪！女士们先生们，是24头猪啊！是在座的陪审员数量的两倍！"

卷四

在法学地图上

知晓了人的一生有多少法律相伴，再摊开一下法学地图，了解几条通向法律圣殿的知识路径。

1　法系

“雨隔牛背，风俗隔河”。尽管全球化大潮后浪推前浪，地球村东头与西头仍有不同。这种差别，在法律和法学知识上，可用法系来作总体描述。先来看一案件，以窥各国风貌。

1—1　案件

老公打老婆　中、德、美判法相异①

2001 年 6 月 25~27 日，陕西省法官协会举办模拟法庭，中、德、美三个演示团围绕一个家庭暴力案件进行审判。代表中国演示的法官

① 资料来源：佚名：《中德美三国法官同审“家庭暴力”案的启示》，见 http://www.lwlm.com/minfaluwen/200811/189333.htm，以及其他文章和报道。本书作了重述。

是西安市碑林区人民法院法官付德清、王湛、姚欣。公诉人由西安市碑林区人民检察院检察官陈湘云、梁枫担任。给“施暴丈夫”担任辩护人的是陕西九州同律师事务所姚子奇律师。德国演示团主要成员有德国柏林州法院庭长罗塔尔·琼曼和庭长彼得·法斯特等；美国演示团以美国律师协会执行主任罗伯特·斯泰因等为代表。

事实：

一对夫妇结婚已 6 年，因妻子偶然发现丈夫和另一个女人在自己家中。夫妻双方发生了剧烈争吵和打架，妻子被丈夫猛推了一下，从二楼楼梯摔了下去，造成右胳膊和腿开放性骨折、多处挫伤和撕裂伤，后被法医鉴定为重伤。

审判：

中国

6 月 25 日演示会的第一天，由中国法官进行庭审演示。

座位、衣着　中国刑事法庭充满着威严的色彩。年轻的审判长和两位审判员着新式法官服夏装进入法庭。审判长宣布开庭后，法警带被告人入庭。法官在上，公诉人坐在一边，辩护人坐另一边，被告人则坐在法庭中间栅栏内。这也是我国刑事诉讼法仍实行“有罪推定”原则的体现。

北京市第二中级人民法院庭审

图片来源：http://roll.sohu.com/20120217/n335050204.shtml

庭审　整个庭审持续一百二十多分钟，经历法庭调查、法庭辩论、最后陈述三个阶段。控辩双方的三轮辩论也颇为激烈。作最后陈述时，丈夫坚持认为自己无罪，同时表示了对妻子的同情，表示愿意和妻子重归于好，照料她的生活。

评议、宣判　在最后陈述后，审判长宣布休庭15分钟，由合议庭评议。11时40分再次开庭，审判长站起来宣读对证据的采用情况以及审理查明的事实。此时，出现了一个有趣的场面，美国、德国同行以为就要宣布判决，立即起立，不料看见大家都没有动静，才又坐了下来。

在宣读了判决书认定的事实后，全体起立，审判长宣布判决结果：判处丈夫犯故意伤害罪，有期徒刑3年，缓刑3年。11时45分，审判长宣布闭庭。

德国

6月26日，德国代表团“开庭”。德国是大陆法系的代表。

座位、衣着　上午9时40分，公诉人、辩护人和被告人、书记员先入座。被告人和辩护人一起坐在公诉人对面，以证明他被认定有罪前的自由人身份。这也是德国法律采无罪推定原则的体现。

法警上来示意全体起立，彼得·法斯特法官和两名身着统一白色衬衣的陪审员入庭。法官、检察官和律师都身着黑色长袍。

庭审　庭审过程与我国的有相似之处，都有法庭调查、辩论、最后陈述阶段，但德国的庭审气氛比较活跃、轻松。

彼得法官先核对被告人身份，并告知被告人：“你有权沉默，也可以在法庭上进行陈述；选择其一，现在决定！”律师随即向法官申请他要和被告人进行保密交谈，以决定是否进行陈述。法官允许，大家退庭。律师告诉被告人，经过查阅案卷，发现证据对他不利，如果承认有罪，可以被减轻处罚。但被告人说：“我没有罪！没有什么可以承认的！”律师只好说那就继续开庭吧。

当受害妻子出庭作证时，检察官拉瓦斯博士要求她表演丈夫当时是怎样推打她的。她说自己很痛苦，不愿进行表演。检察官再三说服她，她才同意。结果她猛推检察官，使他差点掉下台去。拉瓦斯对她的表演表示满意。

取证完成后，检察官拉瓦斯博士慷慨陈词，要求法官认定丈夫有罪，判处其：监禁1年9个月，缓刑2年；参加反家庭暴力培训班以“改造思想”；在监外服刑期间每月向反家庭暴力中心支付100马克，以让他在心疼钱的同时，铭记“打老婆”带来的惨痛教训。

评议、宣判 在另一房间内，法官与陪审员进行评议。投票结果为2人认为有罪、1人认为无罪。彼得法官宣布丈夫犯了伤害人身罪（将妻子推下楼梯致伤）和强迫罪（在她报警时夺电话），判处1年6个月监禁，缓刑3年，并参加反家庭暴力培训班。

德国弗伦斯堡（Flensburg）州法院刑事审判庭审

图片来源：http://www.abendblatt.de/region/schleswig-holstein/article114316615/Mutter-aus-Husum-gesteht-Toetung-von-fuenf-Babys.html

美国

6月27日是三国模拟审判的最后一天，法庭上，悬挂着美国国旗和密苏里州州旗。

座位、衣着 公诉人、被告人都已就座，白胡子书记员拍“惊堂木”，全体起立，穿黑袍的女法官伯妮丝·唐纳德入座。法官的座位高高在上，被告人和辩护律师以及公诉人都坐在法庭的一边，以示被告人和公诉人在庭审中的平等地位。这也是美国采无罪推定原则的体现。

庭审　法官坐定后，开始询问公诉人和辩护人两方是否有“动议”需要提交。此时，律师提出动议，称公诉人请的一名证人吸毒，法庭不应该允许其作证。法官遂向检察官询问情况，听了检察官的理由，法官否决了这个动议。律师提出第二个动议，认为医院的医疗记录不能作为证据，结果又遭法官否决，但律师很倔强，说：“我继续反对！”

陪审团　接下来，12 名来自案发社区的陪审员由法警带领入庭。根据美国陪审团制度，陪审员是从案发社区的选民中层层选拔上来的。陪审员宣誓入座。

法官请公诉人进行开场陈述。在发言过程中，公诉人一直在法庭中央，时而走动到他想到的任何地方，以观察到所有人的表情，并让所有人也看到他的表情。律师也是一样，可以在法庭上最大限度地展示自己的风采。

陪审团评议　庭审从上午 10 时一直到下午 5 时，中午只休息 90 分钟。下午 5 时，法官宣布休庭，并宣布由陪审员评议被告有罪或无罪。如果评议有罪，那么判处多少刑期，则由法官决定。

美国波士顿康科德地区法院庭审

图片来源：http://tyxfy.chinacourt.org/public/detail.php?id=975

12 位陪审员讨论三十多分钟后，虽然排除了被告人犯“一级家庭殴击罪”的意见，但拿不出是否有罪的最终意见。法官甚至催了两次，但陪审团成员个个倔强，投票的结果却仍是6个人认为无罪，另6个人认为犯有二级家庭殴击罪。临时的负责人只好宣布“解散陪审团”。

宣判　下午5时30分再次开庭。唐纳德法官告诉大家，陪审团已经通知自己没有结果。据美国法律规定，遇到此种情况，必须结束审判，除非检察官再次起诉，法院才重新审理，并另外组成陪审团。据了解，在美国，此类案件一般都会再次起诉。只有10%的案件检察官不会再次起诉。

比较：

德国和美国

模拟审判体现了两大法系的不同之处。

价值取向：德国通过庭审，尽可能地靠近客观真实。
美国则强调诉讼程序的正当性。

法官地位：德国以法官为中心，法官是庭审的灵魂，具有绝对权威。
美国则强调控辩双方的抗辩，法官居中指挥，“坐山观虎斗”。

庭审方式：德国以法官询问为主，采用纠问方式。
美国则采控辩式，法官没有调查取证的义务。

裁判权划分：德国的裁判权统一归于法官。
美国为陪审团评议被告有罪或无罪，有罪的，判处多少刑期由法官决定。

中国

我国的庭审更接近于以德国为代表的大陆法系，如以法官为中心，法官有调查取证的义务，裁判权统一归于法官，但也融入英美法系的一些特点，如控辩双方的三轮辩论。这反映我国基层法院刑事庭审模式改革，吸取了其他两国的经验。

1—2　五大法系或类别

法系是对世界各国法律作出的一种总体划分，将具有相同特点的国家的法律归于一系。其划分标准以形式特点为主，以意识形态和传统为辅；形式特点包括法的表现形式、法的部门分类、立法与司法关系、司法方法技术、具体制度概念；意识形态指政治立场和价值观；传统指各国法律之间的历史传承关系。据不同划分标准法系多寡不一，传统主流学说认为有：中华法系、大陆法系、英美法系、伊斯兰法系、印度法系五种，其中，中华法系和印度法系（略去不叙）已经解体。而据加拿大渥太华大学法学院“全球法系”学术研究团体的最新研究[①]，全球法律体系分为民法、普通法、习惯法、穆斯林法和混合法五个不同的类别，其中混合法并非自成一系而应被视为前四种的不同结合，中国就属于民法和习惯法两个类别的混合。

特点	法系			
	大陆法系	英美法系	伊斯兰法系	中华法系
所属地区	欧洲大陆、拉丁美洲，非洲、亚洲部分国家	英国，北美洲、大洋洲，非洲、亚洲部分国家	伊斯兰国家	中国秦至清朝，19世纪末以前的东亚、越南等
法的表现形式	制定法为主，尤其是法典化，如1804年《法国民法典》、1896年《德国民法典》	判例法与制定法并行	教义，如《古兰经》	法典化，如《唐律疏议》《大清律例》
法的部门分类	公法、私法、社会法	民法、刑法等	民法、刑法等	诸法合体，民刑不分
立法与司法关系	分离	判例法使两者合一，法官造法	相对分离	相对分离
司法方法技术	法官为中心，纠问方式，法律解释	陪审团，控辩式，类比	卡迪司法（部族长老司法）	调解，“春秋决狱”，“断狱如流”
传统	以罗马法为基础	以普通法为基础	以教义为基础	以儒学为基础

① 参见 http://www.juriglobe.ca/chi/apropos/index.php。

正义之神 Themis

乡村律师事务所 ［荷］Pieter Brueghel the Younger（1564—1638）

瑞士联邦法院大审判庭

无罪　［俄］Vladimir_ Makovsky（1846—1920）

本书认为当代中国法也是一个混合体，但不同于渥太华大学法学院主张的混合法，是兼采大陆法系和英美法系风格，其中，宪法、行政法、民法、刑法等移植大陆法系的较多，而在商法、经济法方面深受英美法系影响，诉讼法中两大法系的影响几乎平分秋色，但又保留了中华法系调解的传统。

2 法源①

判案首先要寻找某个适用于争议的规范，这就首先产生去哪里找法源的问题。法源也可称作法的渊源或法的材料，意为可以基于这些渊源或材料去寻找作出法律判断的理由。

法的渊源包括：制定法、判例法、习惯法、学理、道德，在中国还特有司法解释。以能否直接应用为标准，分为直接渊源和间接渊源。

2—1 直接渊源（正式渊源）

（1）制定法

历史上中国的《唐律疏议》《大清律例》，欧陆的《拿破仑法典》（1804年）、《德国民法典》（1896年）等为制定法的典范。在当代，制定法又有许多形式，在效力等级上形成金字塔式的结构（见下图）。

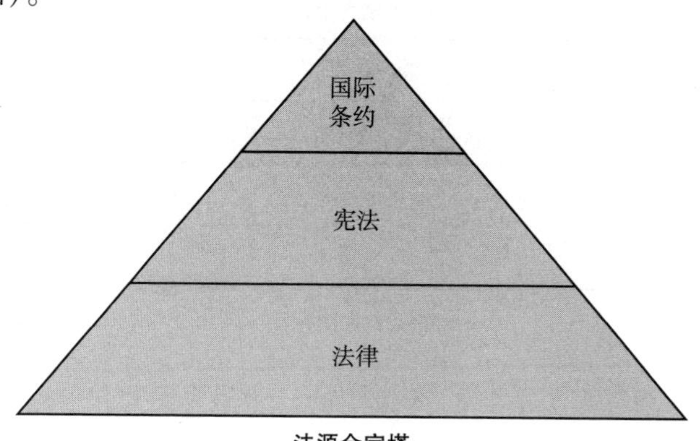

法源金字塔

① 本部分取自郑永流：《法律方法阶梯》，3版，38～44页，北京，北京大学出版社，2015。

A. 国际层面：条约（多边　双边）。

1648 年的《威斯特伐利亚和约》，是近代国际条约的典范。今天，联合国及其专门机构和其他主体制定的各种全球性国际条约涵盖领域十分广泛，几乎浸入一切国际生活关系，以国际公法为例：1945 年《联合国宪章》、1969 年《维也纳条约法公约》、1981 年《不容干涉和干预别国内政宣言》。

B. 区域层面：条约（以欧洲为例）。

欧洲法主要由两大体系构成：欧洲理事会法和欧盟法。欧洲理事会法如：1950 年《欧洲人权公约》、1961 年《欧洲社会宪章》。欧盟法最重要的条约有：1951 年《建立欧洲煤钢共同体条约》、1992 年《欧洲联盟条约》、1997 年《阿姆斯特丹条约》、2007 年《里斯本条约》。

C. 国内层面：以中国为例，其表现形式有以下几种。

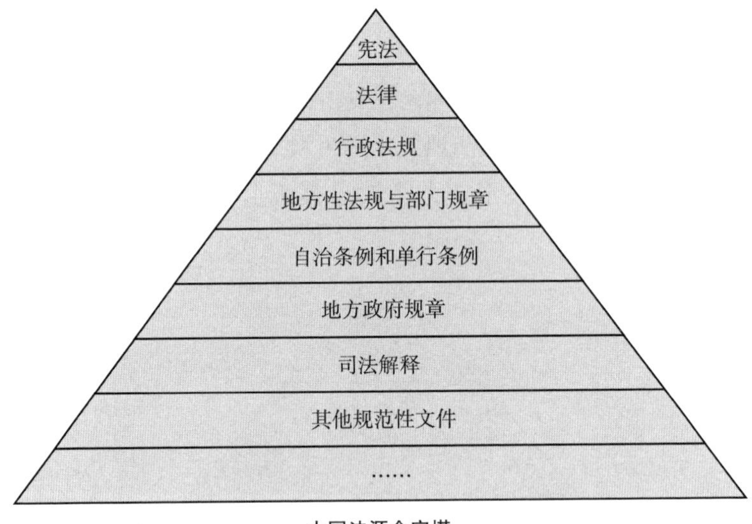

中国法源金字塔

宪法：现行宪法是 1982 年制定的《中华人民共和国宪法》。

法律：分为基本法律和非基本法律两种。基本法律由全国人大制定，如《中华人民共和国刑法》《中华人民共和国民法典》等。非基本法律由全国人大常委会制定，如《中华人民共和国环境保护法》《中华人民共和国文物保护法》等。全国人大及其常委会还有权就有关问题作出规范性决议或决定，它们与法律具有同等地位和效力。

行政法规：国务院制定的有关行政管理和管理行政事项的法律，如《行政法规制定程序条例》。

地方性法规：由省级和设区的市人大及其常委会制定，如《北京市人民代表大会代表视察办法》。经济特区的授权立法也是一种特殊的地方性法规，如《深圳经济特区消防条例》。

自治条例和单行条例：它们由各级民族自治地方人大制定。自治条例是综合的，如《云南省玉龙纳西族自治县自治条例》（2020年修正）。单行条例则是调整某一方面事项的规范性文件，如《玉屏侗族自治县乡村公路条例》。

规章：分部门规章与地方政府规章。部门规章由国务院所属部委发布，如国土资源部令《建设项目用地预审管理办法》。地方政府规章是省级和较大市人民政府制定的规范性文件，如黑龙江省人民政府令《黑龙江省见义勇为人员奖励和保护规定》。

司法解释：它在中国特指最高人民法院和最高人民检察院就适用法律作出的解释。最高人民法院的司法解释的表现形式分为“解释”“规定”“批复”“决定”四种。

其他规范性文件：仅指上述以外的规范性文件，如国务院所属部委作出的不属于部门规章的规定，县级以上政府及所属部门的规定，乡镇政府的规定。

（2）判例法

判例法是指以判例为表现形式的法律，但判例本身不一定是法律，只有信奉“遵循先例”基本原理，判例才成为法律。在英美法系，判例法为直接渊源，在大陆法系则为间接渊源。

判例　麦克弗森诉别克汽车公司案的判决（1916 年）

事实

原告麦克弗森从一汽车零售商那里购得一辆别克汽车。由于一车轮在制造上有缺陷，该汽车在行驶中突然翻倒使原告受伤。被告别克汽车公司在事前未对车轮进行检查。由于原告并非直接从被告那里购得该汽车，所以被告应否承担过失责任有疑。

寻找先例

著名的纽约州法官（后来为美国联邦最高法院法官）卡多佐引用并审查了纽约州法院或其他法院（包括一些英国法院）作出的大约 25 个判决，试图从先例中找出适用于本案的规则。

如在 1882 年的德夫林诉史密斯案中，被告制造的有缺陷的脚手架被卖给油漆师，结果油漆师的雇员从脚手架上跌下致死。法院判原告胜诉，理由是：像脚手架这样的东西，如果在制造上有问题是极其危险的，被告有确保质量的义务。

在 1909 年的斯塔特勒诉雷制造公司案中，原告从批发商那里买得一个被告制造的大咖啡壶，由于做工有缺陷，咖啡壶在加热过程中爆炸，导致原告严重受伤。法院判原告胜诉，因为像咖啡壶这类东西，如果在制造上有问题，在使用中会给人带来危险。

得出规则

卡多佐法官从中得出了适用于本案的法律规则，他指出：具有急迫危险性的产品概念并不局限于毒药、爆炸物或其他同类物品，而应扩大到对人身有危险性的一切物品。如果物品制造上有过失，可合理确定会使生命和躯体处于危险之中，那么，它就是一件危险物品。除此项危险因素之外，制造商知悉该物品将由购买者之外的第三人不经检验而使用，则无论有无合同关系，该危险品的制造者都负有仔细加以制造的义务和责任。

卡多佐法官宣布：制造商给予注意的责任不受合同关系的限制，受害人无须与制造商有合同关系即可获得赔偿。纽约州法院判定别克汽车公司应向麦克弗森承担过失责任。①

---

① 本案例综合了若干文章中的介绍而成，谨向原作者致以谢意。另参见［美］列维：《法律推理引论》，庄重译，39~45 页，北京，中国政法大学出版社，2002。

2—2 间接渊源（非正式渊源）

（1）习惯法 行业规范

习惯法是指一种存在于国家之外的社会中，自发形成并由一定权威提供外在强制力来保证实施的行为规则。

“插草标”

“插草标”即是一种习惯法，它是土家族人表示物权及说明的一种特殊标志。在一口池塘边插草标，说明塘中有鱼，禁止放毒捕捞；有人发现一窝地雷蜂，在不远的地方插上草标，说明此处已经有人发现，且当晚就要来烧，别人不能打这窝蜂的主意了。[①]

行业规范如足协禁赛令、“偷一罚十”、“货既出门，概不负责”等交易习惯，也为司法所考虑。关于上述行业规范也存在着较大争议，主要是与制定法的关系问题。当然，多数具有正当性。

饭店行业规范

《中国旅游饭店行业规范》（2002 年）第 10 条规定：饭店客房收费以“间/夜”为计算单位（钟点房除外）。按客人住一“间/夜”，计收一天房费；次日 12 时以后、18 时以前办理退房手续者，饭店可以加收半天房费；次日 18 时以后退房者，饭店可以加收一天房费。

这一行业规范饱受质疑。2009 年 8 月，《中国旅游饭店行业规范》第 10 条作出修订：“饭店应在前厅显著位置明示客房价格和住宿时间结算方法，或者确认已将上述信息用适当方式告知客人”。

（2）法理（法学家法）

法理指法律的基本精神和原理，如一物一权、罪刑相应、盗窃为秘密窃取。由于它们多由学者以学术形式阐述，故又被称为学理或法学家法。1907 年的《瑞士民法典》规定，如果发现法律有漏洞，法官要遵循既定学说。

（3）章程 合同 协定

章程是社会自治半自治组织的基本规范，且是国家管理公司的

---

① 参见西南民族大学赴湖北恩施社会实践分队：《微探土家族习惯法》，资料来源：http://blog.163.com/xieyingbo2008@126/blog/stati …，访问时间：2008-04-20。

重要依据。如《中国足球协会章程》（2019 年）第 4 条规定了中国足球协会的 12 项业务，第 1 项是："全面负责足球项目的管理；研究制定足球发展的方针政策、规划、计划和行业标准。"

合同是当事人双方（或多方）订立的确定相互间权利义务关系的协议。当事人为了重复使用而预先拟定并在订立时未与对方协商的合同，称格式合同，如飞机票后附的运输合同。

协定指国家间或国际组织间为解决专门和临时性问题而签订的条约。如《服务贸易总协定》，是世界贸易组织在乌拉圭回合多边贸易谈判中达成的一项多边贸易协定。

合同是否有效

李小丹（化名），刚满 16 周岁，身高 1.8 米，面相老成，像二三十岁的人。李小丹为买一辆摩托车上学，欲将家中一套空房卖掉。经人介绍认识王大明（化名），与王大明签订房屋买卖合同，王大明支付定金 8 万元，到房屋管理部门办理了房屋产权转让手续。李小丹父亲发现后，起诉到法院，要求撤销房屋买卖合同。

试分析：该房屋买卖合同是否有效？并请说明原因。

参考答案：该房屋买卖合同无效。

出卖人李小丹虽年满 16 周岁，但未以自己的劳动收入作为生活来源，根据《民法典》，他是限制民事行为能力人。限制行为能力人不能处分重大的民事行为，房屋买卖属于重大民事行为，李小丹不具备这种民事行为能力，无权处分房屋产权，故该合同无效。同时，李小丹的父亲事后并未予以追认，该房屋买卖合同是无效合同。

3 法的一般分类

法有千千万万，繁如牛毛，合理的分类可以便捷地识别不同性质和功能的法。通常可从以下六个角度作出适用于所有国家的分类。但不可迷信分类，因为社会关系十分复杂，法的交叉、重合的情况并不少见。

法的一般分类

<table>
<tr><th>类别</th><th>标准</th><th>举例</th></tr>
<tr><td>A. 根本法与普通法</td><td>地位重要程度</td><td>宪法与刑法</td></tr>
<tr><td colspan="3">根本法指在整个法律体系中居于最高地位的法。在中国这样的单一制国家，根本法即宪法的别称。在中央和地方都有制宪权的联邦制国家，根本法是宪法的一种，即联邦宪法。
普通法是宪法以外的法的统称，种类繁多，各自的地位、效力、内容和制定程序亦有差别。一般来说，其地位和效力低于宪法。</td></tr>
<tr><td>B. 一般法与特别法</td><td>适用的地域　事务　主体不同</td><td>民法通则与继承法</td></tr>
<tr><td colspan="3">一般法指对一般人、一般事项、一般时间、一般空间范围有效的法。
特别法指对特定的人、特定事项有效，或在特定区域、特定时间有效的法。
相比其他法的分类，一般法与特别法的相对性更为明显，如香港和澳门特别行政区的基本法之于宪法是特别法，而相对特别行政区其他法律又是一般法。</td></tr>
<tr><td>C. 实体法与程序法</td><td>主从关系</td><td>刑法与刑事诉讼法</td></tr>
<tr><td colspan="3">实体法规定的是主体的原生权利、义务关系或职权、职责关系的法。
程序法则是保证主体的权利和义务得以实现所需程序的法。
程序法是服务于实体法的，故两者有主从关系。</td></tr>
<tr><td>D. 成文法与不成文法</td><td>是否由立法机关创制</td><td>婚姻法与入赘习惯</td></tr>
<tr><td colspan="3">成文法是国家机关制定或认可的法，又称制定法。
不成文法是指非由国家机关制定或认可的法。
成文法与不成文法的区分，不取决于是否有文字表现形式。</td></tr>
<tr><td>E. 国内法与国际法</td><td>适用领域大小</td><td>经济法与国际人权两公约</td></tr>
<tr><td colspan="3">国内法是指由国内有立法权的主体制定的、其效力范围不超出本国主权范围的法。
国际法是国家或国际组织制定、认可的，并适用于它们之间的法，其主要表现形式是国际条约。</td></tr>
<tr><td>F. 公法与私法</td><td>涉及国家利益还是私人利益</td><td>行政法与商法</td></tr>
<tr><td colspan="3">凡规定国家之间、国家机关之间、国家机关与私人之间关系的法为公法。
凡规定私人之间关系的法为私法。</td></tr>
</table>

4 立法、司法程序

4—1 立法程序

大多数现代法治国家确立了“无程序即无立法”的原则，立法的程序规则已成为立法活动的前提性条件。立法程序主要包括提出立法动议或者提出法律草案、审议法律草案、表决法律草案、签署和公布法律（见下图）。每个阶段又由若干的步骤和内容组成。

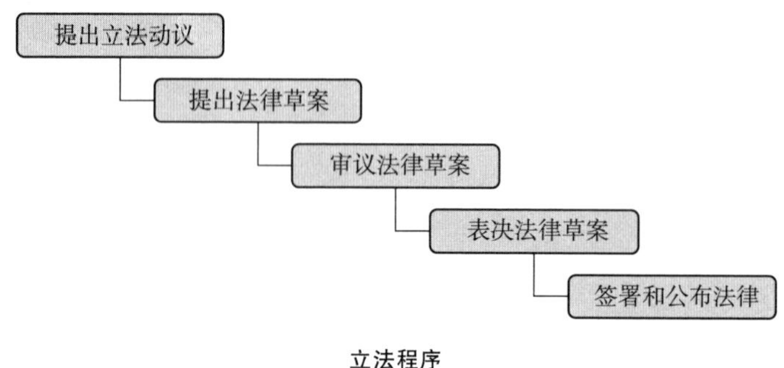

立法程序

4—2 司法程序

司法程序，又称诉讼程序，是指在行使司法权时所必须遵循的法定方式、方法、顺序及步骤，包括起诉程序、审判程序等内容。司法程序按照案件的复杂程度又可以分为普通程序和简易程序两种。

普通程序包括以下阶段：

——起诉。通常是书面起诉，要有明确的被告、具体的诉讼请求和事实、理由。

——案件受理。法院经过审查，认为符合法定条件的，予以立案。

——审理前的准备，例如，给被告送传票，被告提出答辩状，双方交换证据，法院允许自行调解。

——开庭审理。这包括开庭准备、法庭调查、法庭辩论、评议和宣判。

中国法院实行两审终审制，指一个案件最多经过两级人民法院的审判即告终结。这就要了解一下中国法院的结构。依照《宪法》的规定，中华人民共和国设立最高人民法院、地方各级人民法院和专门人民法院。

最高人民法院是中华人民共和国最高审判机关，负责审理各类案件，制定司法解释，监督地方各级人民法院和专门人民法院的审判工作，并依照法律确定的职责范围，管理全国法院的司法行政工作。

最高人民法院设有 6 个巡回法庭：第一巡回法庭设在深圳市，管辖广东、广西、海南和湖南四省区有关案件；第二巡回法庭设在沈阳市，管辖辽宁、吉林、黑龙江三省有关案件；第三巡回法庭设在南京市，管辖江苏、上海、浙江、福建、江西五省市有关案件；第四巡回法庭设在郑州市，管辖河南、山西、湖北、安徽四省有关案件；第五巡回法庭设在重庆市，管辖重庆、四川、贵州、云南、西藏五省区市有关案件；第六巡回法庭设在西安市，管辖陕西、甘肃、青海、宁夏、新疆五省区有关案件。

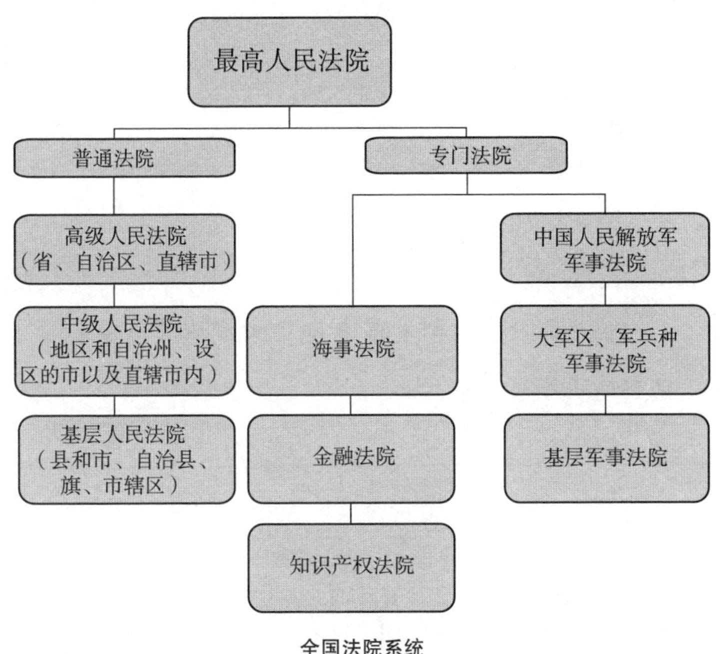

全国法院系统

地方各级人民法院包括高级人民法院、中级人民法院、基层人民法院，专门人民法院包括金融法院、知识产权法院等海事法院和军事法院。军事法院分为三级，不服中国人民解放军军事法院一审判决的案件，可以上诉至最高人民法院。海事法院相当于地方法院的中级人民法院建制，不服其裁判的，可以向高级人民法院上诉。[①]

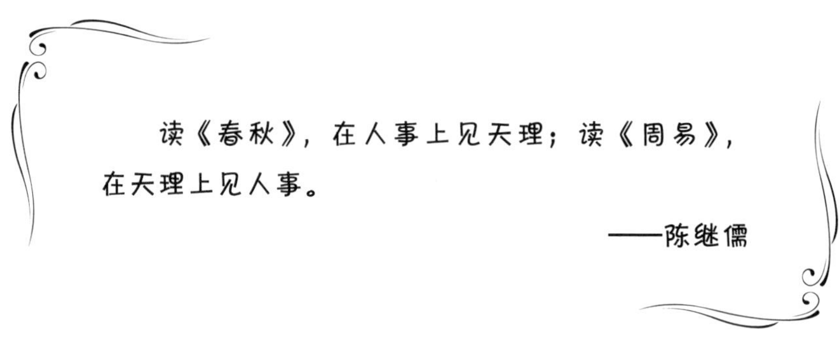

读《春秋》，在人事上见天理；读《周易》，在天理上见人事。
——陈继儒

① 资料来源：中华人民共和国最高人民法院网站，http://www.court.gov.cn/，访问时间：2010-06-23。

卷五

法律人这样思维

法学是最古老的学问之一，但它不仅是知识，也是一门艺术，所以古罗马法学家乌尔比安说，“法学（Jurisprudentia）是神人之事，公正非公正之艺术”。因而，法学充满着智慧。所谓智慧，指的是人们不拘泥于教条的辨析和创新能力，它具有因时空而异的历史流变性，因为世界上没有两个相同的案件，正如人不能两次踏入同一条河流。法学同时是一门艺术，那么，操持这门艺术的艺人是一群怎样的人呢？这群人又有着怎样的思维呢？[①]

1 何谓法律人

人说诗人是人类的儿童，因为诗人永远是天真的。那么，大千世界，法律人何以安身立命？他们赖何形成一个法律共同体？这些

① 本部分内容取自郑永流：《法律方法阶梯》，3 版，第一、二章，北京，北京大学出版社，2015。

法律人到底是怎样一群人？历史上有诸种说法，亦庄亦谐，亦褒亦贬，异曲同工，都传达了法律人的特质。

我国台湾地区法学家王泽鉴说：“在一个法治社会，法律人常自负地认为，大者能经国济世，小者能保障人权，将正义带给平民。法律人为什么有此理想，有此自信？这个问题，不难答复：因为一个人经由学习法律，通常可以获得以下能力：（1）法律知识：明了现行法制的体系、基本法律的内容、各种权利义务关系及救济程序。（2）法律思维：依循法律逻辑，以价值取向的思考、合理的论证，解释适用法律。（3）解决争议：依法律规定，作合乎事理规划，预防争议发生于先，处理已发生的争议于后，协助建立、维护一个公平和谐的社会秩序。”王先生笔下的法律人，着实正面。

有一则故事，竭尽能事地讽刺法律人话语的过分专深：“我给你那个橘子”到了律师嘴里就变成：“我把一切都给你，即，属于和包含在那个橘子中的我的财产和利益、权利、资格、要求和好处，连同橘子的表皮、内皮、汁、肉、籽，以及含于其中的一切权利和好处，并赋予充分的权力去咬、切、吸和用其他方式吃它，或者赠与他人，就像我刚刚说过的某人，被赋予完全有效的权利对那个橘子加以咬、切、吸、嚼，或者赠与他人，无论是连同那个橘子的表皮、内皮、汁、肉、籽一起，还是把它们扔到一边，无论是之前还是之后，无论订立一个契约还是多个契约，无论起草一个文书还是多个文书，无论所使用的契约与文书的性质和种类怎样的相同或不同。”

图片来源：http://hi.baidu.com/junyzhang/album/item/80751bf2c1dda782a50f5211.html

也有持中的回答，即人们熟知的所谓的“哈佛大学法学院名言”——当你走出哈佛大学法学院时，你眼里再没有男人和女人，而只有原告和被告。

2 法律人的思维

在广义上，思维是人的关涉想法、概念和判断的各种精神活动，主要与感知、感觉和一切感性活动相对。在这一对思维的最一般界定下，人们较多地从哲学、心理学、控制论上来研究思维。除此之外，还常见将思维与专业联系起来考察，形成专业思维。这也是本书的视角。

法律思维要回答人在法律领域各种精神活动的特点。由于法律活动的职业性和专业性，法律思维更多的是指法律人在从事法律活动时的思维，当然也包括其他人在参与此类活动时的思维。但法律活动的范围广泛，既可包括法学研究、法学教育，也可涵盖立法、执法、司法和法律监督，因而，法律思维到底与哪些法律活动或哪些法律人相关联，决定着法律思维的范围和内容。多数人在此问题上主张，法律思维是职业法律人（法律家）如法官、检察官、律师的思维，与法律思维相关联的法律活动指执法、司法和法律监督。这种主张强调了法律思维对于职业法律人的重要性固然正确，但将法律研究者、法学教师和学生、立法者等暗自排除在法律思维的主体之外似不可取。

法律思维的根本特点是判断性，建构规范需判断哪些事实当由法律来调整，应用规范需判断事实是否与规范相适应，法律思维穿行于事实与规范之间。比如，作为法律人我们不外要思考损害与赔偿、杀人与刑罚的关系。这是其他思维所不及之场域。同时，法律人的判断具有潜在的和现实的约束力，前者指非职业法律人的，后者指职业法律人的，也借此生成与其他思维的诸多联系和区别。

3 法律思维的要义

结合狭义的法学即法律及其应用的特点，且从与其他思维的比较中总结出法律思维十大要义及理由（见下页表）。

法律思维要义及理由

序号	内容	理由
1	合法律性优于合道德性（合法性、合理性）	法律本身体现了道德
2	普遍性优于特殊性	多数原则、可操作性、节约成本、社会的安定性
3	复杂优于简约	行为的可预测性、社会的安定性、结论的公正性
4	形式优于实质	公开、透明、平等对话、可操作性、节约成本
5	程序优于实体	公开、透明、平等对话
6	严谨胜于标新	判断关涉人的重大利益
7	谨慎超于自信	（同上）
8	论证优于结论	结论更具有说服力
9	逻辑优于修辞	（同上）
10	推理优于描述	（同上）

下面逐一述之。

3—1 合法律性优于合道德性

从积极面上看，这是指法律人应秉承法律至上理念。这一理念源于12世纪英国法官布雷克顿语：国王可以在万人之上，但应在上帝和法律之下。中国古代也有“一断于法”之说。从消极面上看，法律人不应首先以道德论事，尤要避免首先和主要诉诸大众道德情感。理由在于，一个有效的法律必然要满足一定的道德要求，法律与道德之间存在着必然联系，从法律出发本身就有合道德性。因而，一般而言，具体法律的效力不依赖于对其内容的道德评价，唯有在法律与道德相冲突，且法律不公正到不可忍受之时，才可寻求道德的支持。

3—2 普遍性优于特殊性

法律为一种规范，所谓规范的特性之一是普遍性，体现在人、时、地、事上。尤其是法律中的人，既非超人，也非庸人，而是标准人或中人。法律人应始终以普世情怀待人待事，只是在正当的例外出现之时才考虑特殊性。所持理由为，这符合多数原则，避免一事一议的高成本，可操作性强，且利于社会的安定。

“玩美女人”

2001年，在沪台资企业“思微尔”委托上海华智地铁广告公司在该市地铁的4个站点发布品牌内衣广告时，打出了“玩美女人”的广告语。4月19日《解放日报》提出异议。8月，上海市工商局黄浦分局以广告内容违反《广告法》中“妨碍社会公共秩序和违背社会良好风尚”为由，责令“思微尔”停止发布广告，公开更正，并罚款二十多万元。“思微尔”不服，诉至法院。法庭上，“思微尔”认为“玩”有“做、追求、崇尚”的意思，“玩美女人”可理解为“追求崇尚美好的女人”，绝非有人想象的那么庸俗。工商部门指出，“玩”有“戏弄、玩弄”的意思，广告主对广告的理解不能强加于受众。12月，上海市黄浦区人民法院作出维持上海市工商局黄浦分局对“思微尔”行政处罚的判决。

3—3 复杂优于简约

郑板桥曾有名句“删繁就简三秋树”，说的是作文之道，也颇合“大道至简”“大音希声”之中国哲理。但《德国民法典》有2 385条，《法国民法典》有2 281条，《瑞士民法典》有1 136条之多，这是因为法律事务关乎身家性命、财产安全、社稷天下，不可不繁。当代社会更日趋多元复杂，法律人无论在立法上还是在应用上，当尽量周全，严格按程序行事，宁可繁复，不可轻易快刀斩乱麻。

3—4 形式优于实质

为何人人在法律面前应当平等，任何人违法犯罪不能网开一面？根据是“相同情况相同对待”。为能切实平等对待，司法女神被蒙上眼睛，六亲不认；法官戴上假发，穿着法袍，不识人间烟火。当然，形式平等也有“一刀切”的不足，个别情况个别对待的实质考量不可或缺，但就总体而言，形式平等具有与普遍

司法女神

图片来源：http://www.inquiries-journal.com/article-images/uid-2103-1399229749/a04064.jpg

性相同的优长。

3—5 程序优于实体

这是形式优于实质的具体化。作为必要条件的严格的程序并不能必然导致公正，但缺乏严格的程序很可能导致实体的不公正，因为实体结论的公正性要靠程序的公正来保障。经验证明，多数冤假错案均与违背严格的程序脱不了干系。

3—6 严谨胜于标新

法律人的判断关涉人和社会的重大利益，因而，法律人不能不保持三分矜持性，不妨欲说还休、三思而后行：先思问题的发生，中思他人的见识，后思预判的公正性。郑板桥的下句“标新立异二月花”，也只好在法律人这里打住。

3—7 谨慎超于自信

法律人免不了提出假设，有先入之见，要紧的是小心求证。在求证中，应时常感到如履薄冰、如坐针毡，不可过于自负，以为真理在握、轻下断语，因为法律本身是一种价值评价，判决只是一种具有说服力的意见，没有唯一正确的答案；因为法律的对象不是外在于判断者，而常常被主体化，打上判断者的印记；因为判断者不可能价值无涉，他们有着自己的是非观。

3—8 论证优于结论

这是指在应用法律上，法律人要讲理，注重说明裁判的理由。如此一来，15 万字的刑事判决书、100 万字的民事判决书并不值得大惊小怪。为使结论更具有说服力，不可直奔结论。之于法律人，开门不见山不是什么缺陷，相反，要让人望山跑死马。

3—9 逻辑优于修辞

经由逻辑得出的结论，具有不可抗逆的力量，尤其是演绎逻辑得出的结论，具有普适的必然性。因而，逻辑思维是法律人的硬功夫，要拳不离手、曲不离口。修辞虽可增强结论的说服力，但不免由情感支配，更为表演性论辩提供了舞台。法律上的必然性不可得，但应心向往之。

向上还是向下

图片来源：http://hi.baidu.com/sdwbw18/album/item/e86091dfd 787da72ccbf1afd.html

3—10　推理优于描述

推理指如何由前提得出结论的思维过程，前提为结论的根据。描述是对事情的语言再现，回答是什么的问题，属于求真。法律人的使命是追求正确和公正的判断，作出结论，推理是结论的必经之路。

小结上述十大要义，它们中的前者只是优于后者而不是排斥后者，理由在于法律不是公理，只需套用演算即可。其中，要义 1 为帝王要义；要义 2~5 作用于规范建构和应用；要义 6~7 指向法律人的品性；要义 8~10 为方法倾向的。罗列 10 种，或有浮泛之嫌，或又失之缜密，但不外期待法律人：要出乎法律其外，先入乎法律其内；抑情感而开启理性；重方法训练而少恃机智、才气；人文关怀与科学精神兼具；知行统一，更勇于践行。

4　法律判断形成的步骤

案例

2004 年某日，李某在乘坐旅客列车期间，与对面座位的旅客许某搭话相识。当日 23 时许，李某在许某去厕所时尾随而入，进行语言威胁和打耳光，强行让许某掏出现金 990 元及价值人民币 2 385 元的三星 S208 型手机一部。许某遂向列车乘警报案，李某被抓获。

法律人将如何判定这一案件呢？这可拆分成若干思维步骤，其间还需不时往返流转（见下图）。

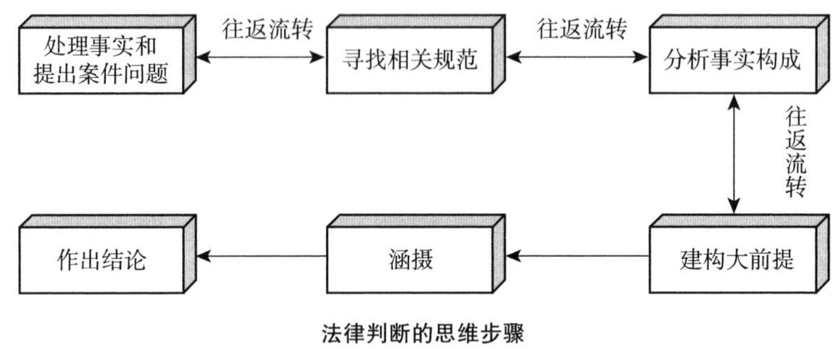

法律判断的思维步骤

4—1 处理事实和提出案件问题

在法律判断中，人们首先面对的是事实，没有事实也就无须作出判断。事实常常决定着判断，因而在作出法律判断时，最困难之处在于弄清什么是事实。事实首先是一种客观存在的状态，但真正有意义的是进入人的认识活动中的事实，事实借助人的陈述显现出来。这样，弄清什么是事实，实则是围绕陈述的真假展开。“我说的是事实”，指“我对客观存在状态的陈述是真的”。陈述的真假的标准是看其是否接近事前客观存在的状态。

案件事实：2004 年某日 23 时许，李某在旅客列车厕所中抢劫许某

法律功用于定分止争，惩恶扬善。当一个案件摆在法律人面前，他必须先从案件事实中提取出案件问题，也即，对案件的审理一定要围绕诉讼请求进行。在具体的民事和行政等案件中，当事人的诉讼请求、争议的焦点可能有多个，争议的标的也可能是两个以上，它们通常体现在案由上。

案件问题：抢劫财物

4—2 寻找相关规范

按法律判断的形成的等置模式，即在事实与规范之间来回审视，确定事实与寻找规范标准这两步是关联在一起的。无论从自然事实

到法律事实，还是从法律事实到证明事实，都要依据自然事实的这些特点，在法律制度上寻找有关规范文本，寻找的一般顺序是制定法（在中国还有司法解释）、判例法、习惯法、学理。

相关规范：中国《刑法》第 263 条　以暴力、胁迫或者其他方法抢劫公私财物的，处三年以上十年以下有期徒刑，并处罚金；有下列情形之一的，处十年以上有期徒刑、无期徒刑或者死刑，并处罚金或者没收财产：（一）入户抢劫的；（二）在公共交通工具上抢劫的；（三）抢劫银行或者其他金融机构的；（四）多次抢劫或者抢劫数额巨大的；（五）抢劫致人重伤、死亡的；（六）冒充军警人员抢劫的；（七）持枪抢劫的；（八）抢劫军用物资或者抢险、救灾、救济物资的。

据此，抢劫可分为：

一般抢劫："以暴力、胁迫或者其他方法抢劫公私财物"为事实构成，处 3 年以上 10 年以下有期徒刑并处罚金为法律结果。

严重抢劫："入户抢劫……"为事实构成，处 10 年以上有期徒刑、无期徒刑或者死刑并处罚金或者没收财产为法律结果。

4—3　分析事实构成

找到了相应的法源之后，就必须联系案件来分析事实构成，这就要深入法律规范的内部，看看什么是规范及规范的结构。规范由事实构成和法律结果组成。

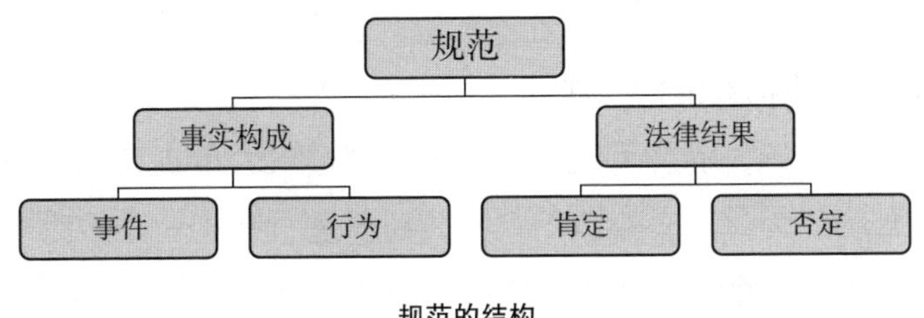

规范的结构

（1）事实构成

事实构成中的事实包括事件和行为。事件又分成社会事件和自然事件两种。前者如社会动乱、战争等，后者如人的生老病死、自然灾害等。事件对于法律关系的主体而言是不以其意志为转移的。行为可以分为善意行为、合法行为与恶意行为、违法行为。但在刑法中事实构成当称行为构成，因为只有行为才引发刑罚后果。

事实构成的意义在于分配权利、义务和利益。例如，人的出生便产生了父母与子女间的抚养关系和监护关系，而人的死亡导致继承关系的产生。又如，依法登记结婚行为，导致婚姻关系的成立。同样，恶意行为、违法行为也能够引起权利、义务的分配，如伤害行为产生刑事法律关系，也可能引起某些民事法律关系（损害赔偿、继承等）的产生。

（2）法律结果

法律结果是对人们的事务和行为的价值评价，或肯定或否定。

否定性结果

《民法典》第590条　当事人一方因不可抗力不能履行合同的，根据不可抗力的影响，部分或者全部免除责任，但是法律另有规定的除外。因不可抗力不能履行合同的，应当及时通知对方，以减轻可能给对方造成的损失，并应当在合理期限内提供证明。

当事人迟延履行后发生不可抗力的，不免除其违约责任。

肯定性结果

《科学技术进步法》第15条第1款　国家建立科学技术奖励制度，对在科学技术进步活动中做出重要贡献的组织和个人给予奖励……

4—4　建构大前提（规范）

确定了法源，解决了规则的冲突，便进入大前提建构阶段。大前提指规范。为何不直接适用规范，还要进行建构？是因为规范为一般，而事实为个别，个别总是大于一般，个别总比一般多姿多彩。建构大前提，实际上是建构具体的适合个案事实的大前提，但建构又是在规范这个一般大前提基础之上的。

李某在列车厕所中抢劫许某构成抢劫罪并无疑问，但是一般抢劫还是严重抢劫并非一目了然。列车属公共交通工具，但列车有许多部分，车厢与厕所有所不同，这就需对公共交通工具进行解释，解释就是建构大前提（规范），只有说清了列车的厕所是否为公共交通工具，才可决定李某的行为是属于一般抢劫还是属于严重抢劫。

建构大前提需要方法，以有无法律规定为标准，方法可再分为两大类：在有法律规定的情况下，多数时候条文的含义不明确，不能直接获得具体裁判规范，需借助法律解释方法（包括文义解释、体系解释、历史解释和主观目的解释）；在少数时候，规范或违背客观目的，或不合理，应对这类情况的方法分别为客观目的探究以及法律修正和正当违背法律。

在无法律规定的情况下，即法律应规定却未规定，法律就存在漏洞，填补法律漏洞的方式有：类比、法律补充和反向推论。

4—5 涵摄

当人们在处理事实与规范最终形成大小前提之时，就是在进行涵摄，也即将个案事实置于事实构成之下。

涵摄就是看个案事实 S 符不符合事实构成 T，如果符合了就发生法律结果 R。用竖式表示为：

$$T \to R$$
$$S \to T$$
$$S \to R$$

具体来说，涵摄要经历对法律的事实构成进行分解，对个案事实进行分解，将个案事实归入法律的事实构成三步。先将法律的事实构成分解成 A、B、C、D 若干要件，再将个案事实分解成 a、b、c、d 若干因素，若 a、b、c、d 可归入 A、B、C、D，便发生 R。

这里以属一般抢劫来分析，不涉及笔者立场。

事实构成：A. 暴力、胁迫或者其他方法
B. 抢劫公私财物

个案事实：a. 语言威胁、打耳光
b. 强行让许某掏出现金 990 元、价值人民币 2 385 元的三星 S208 型手机一部

a. 语言威胁、打耳光，b. 强行让许某掏出现金、手机，可归入A. 暴力、胁迫或者其他方法，B. 抢劫公私财物。

4—6 作出结论

经过涵摄，如果大小前提相合，剩下的便是通过演绎方法得出结论，演绎是得出结论的最后和必经之路。三段论的演绎法采取的方式，用经典的例子来表达就是：

大前提：所有人都会死

小前提：苏格拉底是人

结论：苏格拉底会死

回到本节例子，这一过程便是：

大前提：《刑法》第263条规定：以暴力、胁迫或者其他方法抢劫公私财物的，处三年以上十年以下有期徒刑，并处罚金。

小前提：李某在旅客列车厕所中抢劫许某现金990元及价值人民币2 385元的三星S208型手机一部。

结论：李某的行为满足了《刑法》第263条规定的事实构成，成立抢劫罪。

拉拢事实与规范的过程如下图所示：

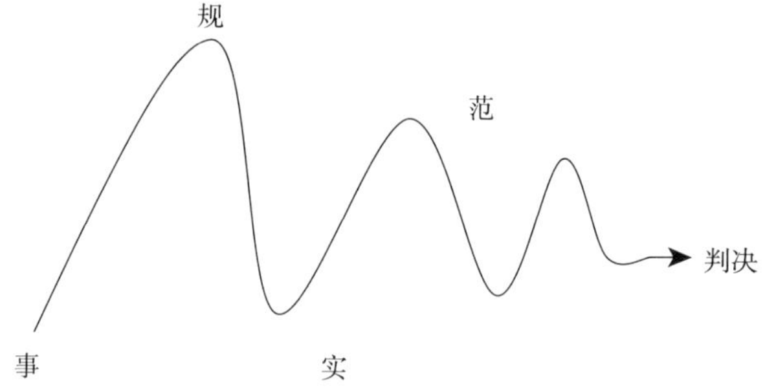

犹太人：我可以跟我太太睡觉吗？

拉比：这是当然。

犹太人：我的邻居可以和他的太太睡觉吗？

拉比：可以。

犹太人：我的邻居可以和我太太睡觉吗？

拉比：绝对不行。

犹太人：我可以和他太太睡觉吗？

拉比：绝不可以。

犹太人：拉比，这其中的逻辑何在？既然我可以和一个我的邻居不可以在一起睡觉的女人睡觉，为什么不可以和一个我的邻居可以在一起睡觉的女人睡觉呢？

卷六

大师辈出　高山仰止

法学以其厚重的底蕴、绵长的渊源，长期位列各学科前茅。今天德国各大学均把法学列为第一专业。近千年来，从法学院走出来的名家名师，灿若星河，除上文提及的，这里再挑选十几位，分学法且事法者和学法未事法者两类，略为评介，以激励后来者见贤思齐。

1　学法且事法者

“不读阿佐的书，进不了法院的门”
(Chi non ha Azo nonvada a palazzo)

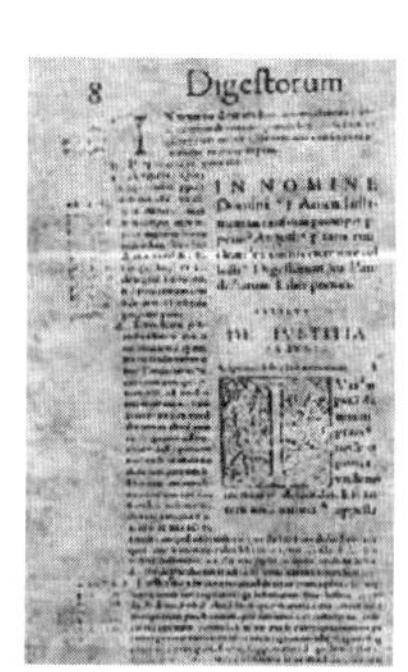

图片来源：http://tupian.hu-dong.com/a2_87_08_01000000000000119080822 14587_jpg.html

阿佐（Azo Portius）：年轻时在波伦亚大学研习法律，后成为该大学的民法学教授。他继承了其老师——注释法学派创始人、波伦亚大学教师伊纳留斯（Irnerius）——的衣钵，使注释法学派发展到顶峰。正是注释法学派，在罗马法学和现代法学之间搭建起了一座桥梁。他关于《尤士丁尼法典》等的注释和指导书不仅在意大利，而且在整个欧洲都赢得了广泛的声誉，成为出庭审案者必不可少的工具，因而当时流行着上面的俗语。

“国王在万人之上，但却在上帝和法律之下”

布雷克顿（Bracton，Henry de，1200/1210—1268）：这位英国杰出法官在其终生都未完成的巨著《论英格兰的法和习惯》（1250 年）中，明确提出了“国王本人不应该受制于任何人，但他却应受制于上帝和法律，因为法律造就了国王。因此，就让国王将法律赐予他的东西——统治和权力——再归还给法律，因为在由意志而不是由法律行使统治的地方没有国王”。当时，有一位佚名诗人对“法在王上”的传统大加称赞：

法律高于国王的尊严。

我们认为法律是光亮。

没有光亮人就会误入迷途。

如果国王不要法律，他就会误入迷途。

“主权是在一个国家中进行指挥的……绝对的和永久的权力”

让·布丹（Jean Bodin，1530—1596）：近代西方最著名的法学家之一，通今博古，对法学、哲学、政治学、天文、地理、医学等多种学科都有涉猎，并精通希伯来语、意大利语、德语等多国语言。布丹出生于法国，年轻时在图卢兹大学攻读法律，毕业留校任讲师，后在巴黎任律师，16 世纪 70 年代任王室检察官，被聘为亨利三世的宫廷法律顾问。1576 年布丹发表了《国家六论》，第一次系统地论述了国家主权的由来、发展和本质特征。该书被誉为西方关于国家主权学说的最重要论著，也对近代欧洲民族国家体制的形成起了推动作用。

“除了法律与国家认可的特权外，国王没有特权”

爱德华·柯克爵士（Sir Edward Coke，1552—1634）：毕业于剑桥大学，后成为律师、议员、王座法院大法官和枢密院成员。他的4卷《英格兰法总论》奠定了他作为英国法集大成者的地位。他提出的司法审查观念、既应约束国王也应约束议会的基本法观念、议会至上等思想，深深地影响着后世。

一次，英国国王要亲自审理案子，但遭到柯克拒绝。他说：“不错，上帝的确赋予陛下极其丰富的知识和无与伦比的天赋，但是，陛下对于英格兰王国的法律并不精通。法官要处理的案件动辄涉及臣民的生命、继承、动产和不动产，只有自然理性是不可能处理好的，更需要人工理性。法律是一门艺术，在一个人能够获得它的认识之前，需要长期的学习和实践。”

图片来源：http://www.legaldaily.com.cn/bm/2008-06/01/content_869724.htm

法律就像语言一样，具有“民族特性”，是“民族的共同意识”

萨维尼（Friedrich Carl von Savigny，1779—1861）：生于德国美因河畔的法兰克福，16岁时开始在马尔堡大学研习法律，后任马尔堡大学讲师、兰德胡特大学和柏林大学教授和柏林大学校长，晚年出任国家参议院的成员、莱茵地区的申诉和上诉法院法官，立法部的首脑。其鸿篇巨制是8卷本的《当代罗马法体系》。萨维尼在《论当代立法与法学的使命》中认为，法律就像语言、风俗一样，具有“民族特性”，是“民族的共同意识”，随着民族的成长而成长，法主要体现为

图片来源：http://www.hudong.com/wiki/%25E8%2590%2...

“民族精神”。萨维尼因此成为历史法学派的代表，德国历史上最具世界影响的伟大法学家。

为权利而斗争是每个人的义务

耶林（Jhering Rudolf，1818—1892）：高中毕业后，像其几乎所有的长辈，步入法学大门，先后求学于海德堡大学、哥廷根大学、慕尼黑大学，最后在柏林大学获法学博士学位。

图片来源：http://www.danninglaw.com/13lv/001.htm

1845年他被瑞士巴塞尔大学聘为教授，时年仅27岁。1868年至1872年，在维也纳大学任教，在那里，其声望达至巅峰。他的名著《为权利而斗争》鼓舞了数代人，他的为权利而斗争的主张，成为自19世纪末以来世界范围内最具感召力的法学学说。他还是德国社会法学派的开创者。他阐发的法律建构技术——分析、集成和建构，仍是今日法律思维和法律方法的基本工具。

法律的生命不在于逻辑，而在于经验

霍姆斯（Oliver Wendell Holmes，Jr.，1841—1935）：曾在哈佛大学攻读法律，后在波士顿开业当律师，1882年成为哈佛大学法学院教授和马萨诸塞州最高法院法官。霍姆斯1902年任联邦最高法院大法官直到1932年，那时他已经90岁了，创了最高法院大法官的高龄纪录。他的《普通法》（1881年）被认为是由美国人撰写的最具原创性的法学著作。他是现实主义法学派的代表，强调道德和直觉及偏见比从规范中进行演绎推理更为重要。

图片来源：http://www.dffy.com/faxuejieti/jd/200812/20081213201324.htm

“奉行先例应当是规则，而不应是例外”

卡多佐（Cadozo Benjamin Nathan，1870—1938）：美国历史上最伟大的法官之一、社会学法学派的代表人物，被誉为最有创造性的普通法法官和法律论说家，为后世留下了许多精彩绝伦的判决词。他在哥伦比亚大学法学院攻读两年，1891 年未等到取得法学学位就获得了律师资格，42 岁任纽约州法院法官，62 岁时进入联邦法院。卡多佐强调说，司法必须与社会现实相适应。他认为，对司法过程意义的认识关键并不在其本身，而在于通过司法达到最良好的社会效果，要想取得预期的效果，关键在于法官选择正确的司法方法。

纸上的法与行动中的法

庞德（Roscoe Pound，1870—1964）：美国社会学法学派的主要代表之一，出生于法官家庭，曾任律师、内布拉斯加州最高法院上诉委员会委员、内布拉斯加大学法学院院长，1907 年起先后在西北大学、芝加哥大学和哈佛大学执教，1916 年起任哈佛大学法学院院长长达 20 年之久，1946 年曾任中华民国国民党政府司法部和教育部顾问。在长达五十余年的法学生涯中，他致力于法律体系和法理学的批判与重构工作。他的主要著作有《社会学法学的范围和目的》《法制史阐述》《法理学》（共 5 卷，1959 年）。

“我们既非向东，亦非向西，而是向内”

吴经熊（英文名：John C. H. Wu，1899—1986）：著名法学家，浙江省鄞县人。1920 年毕业于东吴大学法科，随后，远赴美国密歇根大学法学院留学；1924 年回国后任东吴大学法科教授、上海特区法院法官，并兼东吴大学法学院院长；1928 年，任南京国民政府立法院的立法委员；1950 年，任美国新泽西州西顿哈尔大学法学教授；1966 年，移居台湾，为“中国文化学院”教授；著有《法律的基本概念》《法律三度论》等。正如他的回忆录之名《超越东西方》，他一生的学术追求是要在东西方的法哲学之间架设一座桥梁，且真正践行了“两脚踏东西文化，一心评宇宙文章”（林语堂平生最得意的对联），成为第一位跻身世界法学大家之列的中国学者。

主要规则和次要规则

图片来源：http://xhuzhijian.fyfz.cn/art/134022.htm

哈特（H. L. A. Hart，1907—1992）：英国法学家、现代西方新分析法学的代表，1929年毕业于牛津大学，1932年任出庭律师，1952年任牛津大学教授。哈特是第二次世界大战以后西方最负盛名的法学家之一，由他创立的新分析实证主义法学是现代西方三大法学流派之一。他在《法律的概念》一书中对法的主要规则和次要规则的区分，是对法的概念研究的巨大贡献。他还强调，法律与道德尽管有许多不同的偶然联系，但在内容上并无必然的概念上的联系，所以道德上邪恶的规定有可能成为法律上有效的规则。

2　学法未事法者

在法学芸芸学子中，也有一大批学成法学后转投他行、成为声名卓著的政治领袖、思想家、大文豪者，如马克思、列宁、笛卡儿、伏尔泰、雨果、歌德、托尔斯泰、巴尔扎克、泰戈尔、俾斯麦、甘地、尼赫鲁、吉田茂、李光耀、曼德拉、卡斯特罗、霍梅尼、奥巴马、普京、希拉里……他们也是法学豪门的骄傲。

这是智慧的最后的结论：唯有每天为生活和自由付出者，才配享有它

歌德在其代表作《浮士德》中的这一名诗，为耶林用作其名篇《为权利而斗争》的结语，昭示斗争是权利的真谛。世人皆知歌德（Johann Wolfgang von Goethe，1749—1832）是德国和欧洲最重要的

剧作家、诗人、思想家，他花了 58 年时间完成的诗剧《浮士德》，是其一生丰富思想的总结与艺术探索的结晶，堪与荷马的史诗、莎士比亚的戏剧媲美。但未曾料想他先后在德国莱比锡大学和法国斯特拉斯堡大学学习法律，也短时期当过律师。斯特拉斯堡大学法科学生至今仍以有歌德这样的校友为荣。

恒河两岸芬芳光明，
花树繁茂，
美丽安详的人们，
跪在莲花前祈祷。

——海涅《我们坐在鱼舍旁》

海涅（Heinrich Heine，1797—1856）：德国最杰出的抒情诗人之一，生于德国杜塞尔多夫，先后在波恩大学、柏林大学学习法律与哲学，后在哥廷根大学获得法学博士学位。1848 年 5 月瘫痪，1856 年在疾患中去世。海涅年轻时是爱情的理想主义者，他一生中写了许多美妙的爱情诗歌。可在现实生活中，他的境遇却很悲惨，他和一位读不懂他诗歌的女人结婚。晚年，他最后一次去卢浮宫见爱情女神维纳斯时，倒在女神脚下哭泣。他多么希望女神能扶起他完美的爱情理想。当他抬头向上看时终于明白，维纳斯没有手臂，她是残缺的。

图片来源：http://hi.baidu.com/yihua/album/item/d9cb9e3d1ac3d62bbaa16733.html

“哲学家们只是用不同的方式解释世界，而问题在于改变世界”

卡尔·马克思（Karl Marx，1818—1883）就是这样一个世界的改造者。他于 1818 年 5 月 5 日出生于德国特利尔城的一个律师家庭，从小接受法国启蒙思想的教育，曾先后在波恩大学和柏林大学法律系学习法学，但主要精力放在对历史和哲学的研究上。1841 年 3 月获哲学博士学位，后投身于思想政治斗争。1847 年 12 月～1848 年 1 月，马克思与恩格斯共同起草了科学共产主义纲领性文献《共产党宣言》，1867 年出版《资本论》第一卷，终成为马克思主义创始人。在法的本质、法与国家和社会的关系等问题上，他也为法学留下了大笔充满历史唯物主义精神的财富。

资本主义源于新教伦理

马克斯·韦伯（Max Weber，1864—1920）：德国著名社会学家，也是现代一位最具生命力和影响力的思想家。1864 年 4 月 21 日生于埃尔福特，1882 年入海德堡大学学习法律，随后在柏林大学教授罗马法、日耳曼法及商法，后学术重心从法学转向经济学，1894 年后先后任弗莱堡大学的经济学教授和政治科学教授。其代表作有：《新教伦理与资本主义精神》《经济与社会》等。他在《新教伦理与资本主义精神》一书中提出了著名的“韦伯命题”：清教主义的扩散与发展直接促成了西方资本主义的发展，至今仍为绕不过去的命题。

生如夏花之绚烂，死如秋叶之静美

泰戈尔（Rabindranath Tagore，1861—1941）：1861 年 5 月 7 日生于印度西孟加拉邦加尔各答市，1941 年 8 月 7 日卒于同地。1878 年，他遵父兄意愿赴英国留学，最初学习法律，后转入伦敦大学学习英国文学。泰戈尔多才多艺，才华超人，既是作品浩繁的文学艺术大师、学识渊博的哲人、成就卓著的社会活动家，也是锐意革新的教育家。1913 年，“由于他那至为敏锐、清新与优美的诗篇；这些诗不但具有高超的技巧，并且由他自己用英文表达出来，便使他那充满诗意的思想成为西方文学的一部分”，泰戈尔被瑞典文学院授予诺贝尔文学奖这

图片来源：http://hi.baidu.com/youcunlee/album/item/d6639dc2b2d98f11e4dd3b77.html

一最高荣誉，成为第一个获得这项殊荣的亚洲作家。

全球化就是美国化，在精神上是好莱坞化，在物质上是麦当劳化①

菲德尔·卡斯特罗（Fidel Alejandro Castro Ruz，1926—2016）：古巴领导人，不仅是传奇政治家，还是最负盛名的演说家之一。1926年8月13日出生于古巴奥尔金省比兰镇，1950年毕业于哈瓦那大学，获法学博士学位。1953年7月26日，卡斯特罗领导发动反对巴蒂斯塔独裁政权的武装起义，失败后被捕。后流亡美国、墨西哥。1959年1月，他率领起义军推翻巴蒂斯塔独裁政权，成立革命政府，出任政府总理（后改称部长会议主席）和武装部队总司令，长期担任古巴最高领导职务。

压迫者和被压迫者一样需要获得解放。夺走别人自由的人是仇恨的囚徒，他被偏见和短视的铁栅囚禁着

图片来源：http://www.enshi.cn/20041215/ca6902.htm

曼德拉（Nelson Rolihlahla Mandela，1918—2013）：1918年7月18日出生于南非特兰斯凯一个部落酋长家庭。他先进入黑尔堡学院，后又就读于威特沃特斯兰德大学，获法学学士学位，毕业后在约翰内斯堡当开业律师。后曼德拉创建非国大军事组织“民族之矛”，任总司令。因被指控“企图以暴力推翻政府”，在狱中度过长达27个春秋。1990年2月11日，曼德拉被无条件释放，旋即当选为非国大主席。1993年10月获诺贝尔和平奖。1994年4月，非国大在南非首次不分种族的大选中获胜，曼德

① 笔者曾于1998年在日内瓦听过卡斯特罗一次关于全球化的演讲，历时3小时，他不拿片纸。讲到一个半小时时，数百听众早已被吸引，他却说：现在我进入正题。顿时全场哗然。三小时的演讲，他用三句话来概括：全球化就是美国化，在精神上是好莱坞化，在物质上是麦当劳化。

拉成为南非第一位黑人总统。主要著作有：《走向自由之路不会平坦》《斗争就是生活》《争取世界自由宣言》《自由路漫漫》（自传）。

“一个民族的命运不是注定的，而是取决于这个民族的意志力”

李光耀（Lee Kuan Yew，1923—2015）：新加坡华人，被称作一位敢对西方领袖与西方媒体说“不”的东方领袖。1923 年 9 月 16 日生于新加坡，祖籍中国广东省大埔县党溪乡。1940 年至 1950 年在伦敦经济学院、剑桥大学和中殿律师学院学习，1950 年获中殿律师学院律师资格。回新加坡后，曾担任律师和几个工会的法律顾问。1954 年 11 月参与创建新加坡人民行动党，并任秘书长。曾任新加坡自治政府首任总理。1965 年 8 月 9 日，新加坡退出马来西亚联邦，成立共和国，李光耀担任共和国总理，至 1990 年。2004 年至 2011 年 5 月任内阁资政。著有《李光耀回忆录 1965—2000》。

“作公民保障，谁非后死者；为宪法流血，公真第一人”

——孙中山挽宋教仁

宋教仁（1882—1913）：湖南桃源人，著名的资产阶级革命领袖。1904 年和 1907 年两次赴日本，在法政大学、早稻田大学学习法律，回国后曾出任南京中华民国临时政府的法制局局长，起草《中华民国临时政府组织法》。1913 年领导国民党获国会压倒性多数席次，宋教仁主张的内阁制直接抵触了袁世凯“一人天下”的期待，随后被袁世凯派人暗杀于上海。

图片来源：http://hunan. d0086. com/SLM/changde/TLM/taoyuan/bskk/lsrw/lsrw_829. shtml

“依法办事是进一步加强法制建设的中心环节”

董必武（1886—1975）：湖北红安人。1903 年考取秀才。1914 年和 1917 年两次东渡日本攻读法律，回国后曾任律师。他于 1945 年代表解放区参加旧金山联合国制宪会议并在《联合国宪章》上签字，

1945年6月26日，董必武在美国旧金山举行的联合国制宪会议上代表中国政府签署《联合国宪章》

图片来源：http://skb.hebnews.cn/20060314/ca667358.htm

为世界和平作出了贡献。新中国成立后，曾任政务院政法委员会主任，最高人民法院院长，中华人民共和国副主席、代主席。董必武是中国共产党的创始人之一，且是中国共产党第一代领导人中唯一一位法科出身的领导人，是新中国法制工作的奠基人。他走的是革命家的而不是法学家的道路。他提出的“有法可依，有法必依”是社会主义法制原则“有法可依，有法必依，执法必严，违法必究”最早、最凝练的阐发。

卷七

职业景色

选择研习法学的人，无不对职业前景及发展充满期待、时下流行的职业前景评价指数有薪酬诱惑指数、行业壁垒指数、社会地位指数、幸福度等，但法律职业的各项评价指数如何，尚不尽知。可知的是，从法学院前脚走出的学生后脚能走入哪些法律职业的大门。或许还能肯定：这不是一个制造巨富、传奇的行当，却是一个可造就历史、公正的事业。

11 世纪大学产生之初，法学院就是所设置的三个学院之一，其他两个是医学院和神学院。这三种专业教育培养的律师、医师和牧师均是从事实务者。因此，法学教育一开始就是职业教育，由法律职业来定向。但今天对于法律职业的内涵要作更全面的理解，就专业化程度而言，法律职业者依次可分为三类：第一，完全的法律工作者，指法官、检察官、律师和公证员，传统上这些是法律职业的主体部分。第二，半完全的法律工作者，指立法机关、政府法律部门的工作人员，基层法律服务工作者、企业法律顾问和仲裁员等。

第三，准法律工作者，包括人民调解员、基层的治安、保卫人员等等。下面主要介绍一下第一、二类法律职业的性质和在中国的状况。当然，学法者不一定都事法，其他职业就不在此描述了。

1 完全的法律工作者

1—1 法官——法律帝国里的王侯

当代美国著名法学家德沃金在《法律帝国》中有段这样的表述："在法律的帝国里，法院就是首都，法官就是法律帝国里的王侯，我们则是帝国的臣民，都是法律规则忠实的追随者与信徒。"法官还被誉为"法律的保管者"。种种赞誉，足见法官地位之显要，成为这样的人多么荣耀。

● **职权** 法院是在现代国家中职掌审判、解决争议、解释法律、执行司法权的机关。按法院的性质作用，可分为：普通法院与专门法院及特别法院。普通法院执掌民事和刑事审判；专门法院包括行政法院、财政法院、劳动法院等，专司某一类审判；特别法院基于特别事件建立，如1945年东京远东国际军事法庭。欧洲一些国家还设有宪法法院。

在中国历史传说中，皋陶（gāo yáo，又作皋繇）与尧、舜、禹同为"上古四圣"。皋陶曾经被舜任命为掌管刑法的"理官"，于是被奉为中国法官之鼻祖。传说，皋陶用一种叫獬豸（xiè zhì）的怪兽来决狱，它类似羊，但只有一只角，有分辨曲直、确认罪犯的灵性。在难以判决之时便将它放出来，如果某人有罪，獬豸就会顶触，无罪则否。

● **选任** 法官被尊为社会精英。有研究显示，英国高等法院、上诉法院的70%以上的法官曾就读于伊顿公学、温彻斯特公学、查特豪斯公学这样的精英学校，又几乎都是牛津大学和剑桥大学的毕业生，毕业后进入四所律师学院中的一所继续学习律师业务，再从一般律师到大律师，其中的佼佼者才能被选入法院，最终坐上高等法院的板凳，成为一名高级法官。

宁波天一阁　胡善成堆塑的照壁“獬豸”

图片来源：http://www.17u.com/blog/article/173248.html

法官遗嘱

曾经有一位叫劳伦斯的英国爵士，从1794年至1812年担任了18年的法官。他临死时立下遗嘱，把财产赠给一位很多年前他判决败诉的当事人。因为他认为，自己当年作出的判决存在严重错误，并为此懊悔多年，他希望用遗产弥补该当事人当年因败诉而支付的诉讼费用。

我国的法官任职资格由《法官法》规定：“（一）具有中华人民共和国国籍；（二）拥护中华人民共和国宪法，拥护中国共产党领导和社会主义制度；（三）具有良好的政治、业务素质和道德品行；（四）具有正常履行职责的身体条件；（五）具备普通高等学校法学类本科学历并获得学士及以上学位；或者普通高等学校非法学类本科及以上学历并获得法律硕士、法学硕士及以上学位；或者普通高等学校非法学类本科及以上学历，获得其他相应学位，并具有法律专业知识；（六）从事法律工作满五年。其中获得法律硕士、法学硕士学位，或者获得法学博士学位的，从事法律工作的年限可以分别放宽至四年、三年；（七）初任法官应当通过国家统一法律职业资格考试取得法律职业资格。”“适用前款第五项规定的学历条件确有困难的地方，经最高人民法院审核确定，在一定期限内，可以将担任法官的学历条件放宽为高等学校本科毕业。”

目前我国的初任法官（初任检察官）选拔制度实行的是“一职双考”模式。在该模式下，考生须同时通过法律职业资格考试和公务员考试才能担任法官（检察官）。2019 年，我国拥有法官 12.5 万名。

● **薪金** 《世界司法独立宣言》明确指出：“法官的薪金应当得到充分的保障，以与他的地位、尊严、职务、责任相适应。”各国法官的待遇标准主要有两种：一种是独立定级，如德国，法官工资相当于公务员工资的两倍。另一种是先确定法官职务，再与行政公务员相对应。如英国高等法院法官 2006 年的年薪为 16.2 万英镑①，大法官的年薪高于首相，高级法官（上议院常设上诉议员、上诉法院院长和法官、高等法院王座庭庭长等）的年薪高于内阁大臣。2012 年美国联邦最高法院首席大法官年薪为 22.35 万美元，与副总统相当；巡回上诉法院法官年薪为 16.76 万美元，地区法院法官年薪为 15.81 万美元。②

我国《法官法》第 58 条第 1 款规定：“法官实行与其职责相适应的工资制度，按照法官等级享有国家规定的工资待遇，并建立与公务员工资同步调整机制。”法官（检察官）的待遇要高于公务员的，但实际上法官的工资标准一直是参照公务员工资制度执行。以北京市中级人民法院为例，院长是大法官，属正局级，与其他局级领导领取相同的工资；各审判庭长为正处级；新来的毕业生转正之后，属科员。

1—2 律师

将正义、自由、独立、智慧和商业利润集于一身，是除律师职业外其他任何一个职业都无法做到的。可以说，律师职业是人类社会最伟大的社会分工和职业发明。律师职业源于古罗马的辩护人，他们精通法律，为当事人辩护，代理诉讼。中国是在清末引入“律

① 资料来源：http://www.lawyers.org.cn/info/8d11b528b36e4ea4890c65d8007e9a05，访问时间：2013-05-16。

② 资料来源：http://en.wikipedia.org/wiki/Federal_judge_salaries_in_the_United_States，访问时间：2013-05-16。

师”制度。“律师”一词英文为“lawyer”，为什么译成律师而不是“法师”呢？因为律师是解释“律”（古代的法称律），而非依“法”定罪的人，依“法”裁定是非并定罪的是“法官”“法师”。

我国律师准入最重要的条件是需要通过全国统一的法律职业资格考试。截至2020年年底全国共有律师事务所3.4万多家，执业律师共52.2万多人，按我国14亿人口算，平均约每2 680人中有一名律师。而美国全国约三亿人，律师近百万人，平均每300人就有一名律师。美国43届总统中有21届是由律师出身的人担任的，美国参议院、众议院中约60%的议员出身于律师。

律师有许多类型：从业务来分，可分为诉讼律师和非诉律师。诉讼律师主要是以代理人的身份代理民事诉讼、行政诉讼、各类仲裁，以及以辩护人的身份从事刑事辩护。非诉律师的工作是诉讼之外的其他法律业务，如公司改制、重组、上市、证券类业务、公司法律顾问等。这类业务往往利润丰厚，法律风险很小，但需要较高的专业知识水平、行业人脉等。

从地位、收入来分，需要每天去律所上班的是坐班律师，收入是底薪加提成。这类律师一般都入行不久，需要律所提供案源，提成比例较低，在10%左右。提成律师虽然在律所执业，但是仅与律所在收入上有按比例分成的关系。这类律师一般都会有自己的案源，个人提成比例一般在80%左右；或者每年给律所交一定管理费，其他业务收入归己。这类律师是目前律师界的主流，年薪可在10万元以上。

中国律师服

图片来源：http://www.gd148.cn/wmzs.htm

最后是律师事务所的合伙人。目前国内律师事务所都实行合伙制，律师法规定创办律师事务所需要三个合伙人，有的律所是一个人创办，就需要找其他律师挂名，这种挂名合伙人不需要分摊成本，也不参加管理。有的律所是幕后人间接创办的，他们连律师都不是，但却是律所的真正老板。所以，是不是合伙人、出资多少并不重要，关键在于成本如何分摊、利润如何分配。这个层次的律师收入可观，100 万元以上的年收入司空见惯。

总体来说，律师职业的收入较其他行业的高，但内部差距较大，大律师年薪可达几十万元或几百万元，甚至千万元，小律师也就是工薪水平，年薪几万元。

笑话：一个律师在街上看见一辆救护车呼啸而过，便立即跳上出租车追赶，以便说服病或受伤者聘请律师打官司。到医院时，救护车门一打开，里边已经端坐着两名律师。

1—3 检察官

检察官可追溯到法国中古时期封建贵族的家臣 procureur，1789 年法国大革命彻底改造刑事诉讼制度后，具有现代雏形的检察官制度才相应而生。1808 年，拿破仑制定《拿破仑治罪法典》，将检察官制度定型。中国当代检察制度很大程度上由国外引进，中国近代以前没有产生现代意义的检察制度。清朝通过日本学习欧陆法制，引入检察官制。中华民国于 1935 年施行新制法院组织法及刑事诉讼法，正式采行检察官制度。

检察官之任务在不同法制之下有所不同，但不外下列数种：

——实施侦查。检察官通常是侦查程序的主导者，在经过侦查后，检察官可以依法决定是否起诉、缓起诉或不起诉。因此，检察官是案件进入刑事审判程序的把门人。

——提起公诉。刑事诉讼多由检察官提起公诉，否则案件无法开展，而有罪判决必然来自检察官之起诉。

——实行公诉。检察官须在审判日内到庭论告，并须提出诉状及证据，透过辩论，促使法官相信被告确有足够的犯罪嫌疑。在调查证据时，检察官亦负有辅助法院发现真实的协力证明义务。

——协助、担当自诉。在采行公诉、自诉双轨制的法制之下，检察官在自诉案件中亦可出庭陈述意见，或者在自诉人丧失行为能力或死亡，又无人承受自诉时，可以担当自诉人之地位。

——提起救济。由于检察官是控诉制度下的当事人之一，因而可以对裁判提出救济，对违法或不当裁判可以抗告或上诉，对已确定之裁判则可提出再审或非常上诉。

我国的检察官任职资格、待遇与法官一样。根据《中国法律发展报告2012——中国法律工作者的职业化》，目前我国各级检察院共有10万多名检察官。

1—4 公证人

人们购买不动产，股份公司的成立，遗产的共同处理，婚约的缔结，需采取公证的形式，以避免法律纠纷，使公民的个人利益和公共利益趋于合理化。承担这一任务的是公证人。同律师相反，公证人不是一方当事人的代表，而是各方当事人的独立且公正的顾问。这就意味着，公证人必须把当事人的利益最为有力地展示出来，避免一方当事人处于不利状态。

公证制度已有两千多年历史，源于古罗马。在罗马共和国时期，出现了一种名为“诺达里”（Notarial）、意为“书写人”的奴隶，他们专为其奴隶主起草各种合同及法律文书，并起见证作用。公证是国家的一项法律制度，顾名思义，就是由“公家”作证明。

根据中国《公证法》第11条第1款，公证机关有11项基本业务：合同；继承；委托、声明、赠与、遗嘱；财产分割；招标投标、拍卖；婚姻状况、亲属关系、收养关系；出生、生存、死亡、身份、经历、学历、学位、职务、职称、有无违法犯罪记录；公司章程；保全证据；文书上的签名、印鉴、日期，文书的副本、影印本与原本相符；自然人、法人或者非法人组织自愿申请办理的其他公证事项。

截至2019年年底，我国有1.3万多名公证人员在近3 000家公证处工作。

猫获财产①

据意大利《晚邮报》报道，托马斯诺的主人阿松达夫人现年92岁，无儿无女，最近她已在两名律师和公证人协助下立了遗嘱，将价值1 000万欧元的所有财产交给托马斯诺继承，让它度过安逸的一生。托马斯诺名下的财产有：罗马奥尔加达别墅区的一所豪华别墅、罗马和米兰市区的两套公寓、卡拉布里亚区的多处土地以及几个银行账户里的存款。根据老人的遗嘱，在托马斯诺死后，继承遗产的动物保护组织和托马斯诺的饲养者必须将遗产用于收容和饲养被遗弃的动物。

2 半完全的法律工作者

2—1 立法机关的工作人员

立法机关是制定、修改和废除法律的国家机关。许多国家的立法机关是议会。

中国的立法机关是全国人民代表大会及其常务委员会。按照与政府部门对应的原则，各国立法机关均设置专门委员会，协助立法机关的全体会议审查法案。各委员会都有确定的工作范围与职责，以避免各委员会之间可能发生的相互推诿或越俎代庖。

英国议会大厦全景

图片来源：http://www.linx.cn/cms/picture/2007/0724/picture_34.html

在中国，全国人民代表大会现设置10个专门委员会：民族委员

① 据新华社电，意大利一只名叫托马斯诺的猫获得主人价值1 000万欧元的财产，成为当时意大利最富有的宠物。

会、宪法和法律委员会、财政经济委员会、教育科学文化卫生委员会、外事委员会、华侨委员会、监察和司法委员会、环境与资源保护委员会、农业与农村工作委员会，社会建设委员会。宪法和法律委员会统一审议向全国人民代表大会或者全国人民代表大会常务委员会提出的法律草案；其他专门委员会就有关的法律草案向法律委员会提出意见。

另外，为协助全国人大常委会工作，在全国人大常委会下设置4个委员会：

——法制工作委员会 负责统筹立法工作全过程，履行规划、组织、协调、指导和服务等职能。规划是指负责拟定立法规划、立法计划；组织是指负责整个立法工作的组织工作；协调是指负责立法工作部门之间的协调；指导是指要在统一国家法制、统一立法技术规范上履行指导职责；服务是指为全国人大常委会、全国人大各专门委员会的立法工作提供服务。

——预算工作委员会

——香港基本法委员会

——澳门基本法委员会

立法机关需大量工作人员，仅在中央一级，如美国国会两院，均设有立法助理：参议院有常设委员会16个，配备助理1 100多人，平均每一委员会69人。众议院有常设委员会27个，配备助理1 800多人，平均每一委员会67人。另外，还有大量的为议员个人服务的助理。参众两院中的每个议员都有个人工作班子，除专职助理外，还可以雇用若干非专职助理，经费均由国会开支。

中国全国人民代表大会的10个专门委员会、全国人大常委会下设置的4个工作委员会都有大量从事立法的工作人员。目前全国人大常委会的办事机构由办公厅、法制工作委员会、预算工作委员会和各专门委员会下属的办事机构组成，有千余名工作人员。如果加上地方各级立法机关，工作人员的数量更为庞大。除工勤人员以外，他们属于国家公务员。

2—2 政府法律部门的工作人员

政府法律部门指各级人民政府及下属机关中专司法律职能的部门。在中国，它们是各级人民政府的法制办公室、中央各部的法规司局、地方厅局的法规处科。我国80%的法律、所有的行政法规、90%的地方性法规都是由政府来执行的。政府法律部门作为政府的办事机构，主要承担着三方面的工作：一是规范性文件的起草、审查等，二是行政执法管理和监督，三是行政复议和应诉。目前，在国务院各部门、各省市县三级政府法制机构、地方各级政府相关部门中从事政府法制工作的人员估计有10万人。具体来看，以中央为例，政府法律部门的职责是：

司法部

（1）承担全面依法治国重大问题的政策研究，协调有关方面提出全面依法治国中长期规划建议，负责有关重大决策部署督察工作。

（2）承担统筹规划立法工作的责任。负责面向社会征集法律法规制定项目建议。

（3）负责起草或者组织起草有关法律、行政法规草案。负责立法协调。

（4）承办行政法规的解释、立法后评估工作。负责地方性法规、规章的备案审查工作。组织开展规章清理工作。

（5）承担统筹推进法治政府建设的责任。承办申请国务院裁决的行政复议案件工作。指导、监督全国行政复议和行政应诉工作，负责行政复议和应诉案件办理工作。

（6）承担统筹规划法治社会建设的责任。负责拟订法治宣传教育规划，组织实施普法宣传工作，组织对外法治宣传。推动人民参与和促进法治建设。指导依法治理和法治创建工作。指导调解工作和人民陪审员、人民监督员选任管理工作，推进司法所建设。

各部法规司局（政策法规司）

以国家发展和改革委员会法规司为例，其主要法律职责为：

——推进优化营商环境；

——起草有关法律法规草案和规章；

——承担机关有关规范性文件合法性审查工作；

——承担相关行政复议、行政应诉工作；

——按规定指导协调招投标工作；

——牵头整合建立统一规范的公共资源交易平台。

与政府法律部门联系极多的公职律师，是政府的专门中介服务机构，其职责主要有五项：一是担任政府法律顾问，为决策提供法律咨询和法律建议；二是参与政府规范性文件的起草、审核和修改；三是为涉及重大利益的事项和纠纷提供专项法律服务或组织专家论证；四是代理政府参与诉讼、仲裁；五是其他应由公职律师承担的工作。公职律师既可是公务员，也可是非公务员。

2—3 基层法律服务工作者

曾于20世纪六七十年代行走在中国农村大地的“赤脚医生”消失了，但类似“赤脚医生”的“二律师”（俗称）自20世纪80年代初中期逐步发展起来。“二律师”是基层法律服务工作者，在律师稀少的情况下，他们利用贴近基层、便利群众、服务便捷、收费低廉等优势，向基层社会提供法律服务。基层法律服务业务范围非常广泛，除刑事诉讼案件外，几乎涉及律所的全部业务范围，主要有：（1）担任法律顾问；（2）代理参加民事、行政诉讼活动；（3）代理非诉讼法律事务；（4）接受委托，参加调解、仲裁活动；（5）解答法律咨询；（6）代写法律事务文书。

据《基层法律服务工作者管理办法》（2000年3月31日司法部部令第60号，2017年修订），基层法律服务工作者是在基层法律服务所中执业，为社会提供法律服务的人员。基层法律服务工作者执业核准部门为省级或其授权的下一级人民政府司法行政主管部门。

截至2019年年底，全国共有基层法律服务机构1.5万多家，其中乡镇所9 400多家，街道所5 900多家。全国共有基层法律服务工作者6.7万人，其中在乡镇所执业的基层法律服务工作者有3.3万多人，在街道所执业的基层法律服务工作者有3.4万多人。

《基层法律服务工作者管理办法》第 6 条规定了执业资格：（1）拥护《中华人民共和国宪法》；（2）高等学校法律专业本科毕业，参加省、自治区、直辖市司法行政机关组织的考试合格；（3）品行良好；（4）身体健康；（5）在基层法律服务所实习满 1 年，但具有 2 年以上其他法律职业经历的除外。

2—4 仲裁员

作为一种古老的争议解决方式，仲裁的产生早于诉讼。在古希腊神话故事中就有关于仲裁的记载，其中广为流传的是：和希腊王后海伦一见钟情的特洛伊王子帕黎斯对三位女神中哪一位最美丽作出了裁断。19 世纪中期以后西方各国纷纷开始仲裁立法，现代仲裁制度得以确立。“仲裁的好坏取决于仲裁员”（arbitration is only as good as arbitrators），是国际仲裁界的经典格言。

仲裁员是在仲裁案件中对当事人的财产权益纠纷进行评判的居中裁判者。从对争议作出裁决的角度看，仲裁员与法官很相近。但法官是经国家机关任命并在各级法院工作的国家公职人员，法官的审判权来源于国家的司法权力；而仲裁员不是一种专门职业，他们应该是专家，但可能是商人、法学教授，也可能是会计师、技术人员等，仲裁员的管辖权只源于当事人在仲裁协议中的授权。

根据我国仲裁法的规定，平等主体的公民、法人和其他组织之间发生的合同纠纷和其他财产权益纠纷，可以仲裁。另外，还有劳动争议和农业集体经济组织内部的农业承包合同纠纷的仲裁。但婚姻、收养、监护、扶养、继承纠纷，依法应当由行政机关处理的行政争议，不能仲裁。

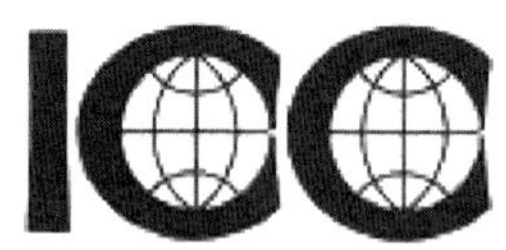

国际商会仲裁院的 Logo
图片来源：http://kluwerarbitrationblog.com

按照仲裁机构的设置情况，国际上进行仲裁的机构有三种：第一种是常设仲裁机构，第二种是临时仲裁机构，第三种是专业性仲裁机构。著名的常设仲裁机构有：国际商会仲裁院（International Chamber of Commerce Court of Arbitration），英国伦敦仲裁院，瑞士苏黎世商会仲裁院，日本国际商事仲裁协会，美国仲裁协会，瑞典斯德哥尔摩商会仲裁院，中国国际经济贸易仲裁委员会等。

中国《仲裁法》第 13 条第 1、2 款规定：“仲裁委员会应当从公道正派的人员中聘任仲裁员。”“仲裁员应当符合下列条件之一：（一）通过国家统一法律职业资格考试取得法律职业资格从事仲裁工作满八年的；（二）从事律师工作满八年的；（三）曾任法官满八年的；（四）从事法律研究、教学工作并具有高级职称的；（五）具有法律知识、从事经济贸易等专业工作并具有高级职称或者具有同等专业水平的。”

据统计，截至 2019 年年底，全国共设立 260 家仲裁委员会，有工作人员 6 万余人。涉外仲裁委员会有两个，即中国国际经济贸易仲裁委员会和中国海事仲裁委员会。

2—5　企业法律顾问

公司作为市场经济中的主体，在民商事活动中会经常性地遇见各种法律问题，因此，一般的公司都设立法律部门来负责此类事务。企业配备的专门从事法律事务的工作人员就是企业法律顾问，他们是企业“内部法律人”。目前，我国企业这方面的机构设置和岗位级别不尽相同，有的在企业内部是一级部门，有的是二级部门；有的企业不设机构而仅仅设立专职的法律人员。企业法律顾问分别有法律顾问、法律事务专员、法务专员、法律主管、法律秘书等不同名称。企业法律顾问（法务部）的工作职责广泛，主要为：

——担任公司股东会、股东、总经理、副总经理的法律顾问，就公司重大决策性事务提供咨询和法律意见书；

——负责公司规章制度的调研和拟定；

——负责对公司各部门执行法律法规和公司各项规章制度的监督、检查，提出整改建议和意见；

——列席公司股东会和由公司高管组织、参加的会议，就相关事务提供法律咨询和发表法律意见；

——负责公司的合同文本的制定、修改，参与公司重大合同的谈判、签订，对各类合同的履行进行监督；

——拟定、修订各部门、各岗位工作职责；

——为各部门提供法律咨询，对公司员工进行法律培训；

——代表公司处理各类仲裁、诉讼案件；

——全面负责公司员工违法、违纪、违反公司管理制度和损害公司利益的案件的调查、处理；

——负责公司知识产权的申请、维护；

——配合、协助有关部门对应收账款进行催收，并直接办理疑难款的催收。

德意志银行法律部

德意志银行拥有独立和完善的法律工作体系。设有独立的法律部，约 2 000 名法律人员，总部在纽约。在全球的一些重点区域如新加坡、悉尼、北京、香港等地设有分支法律机构，在中国上海、广州等地设有法律人员，其法律事务由北京分部审核。法律部的主要职责是：管理法律风险和声誉风险，包括审查合同甚至广告、资料、图片，防止侵权并进行商标保护，就政府颁布的法律研究如何符合其要求；分析经营管理中的法律问题，提出避免风险措施等。在声誉风险管理方面，负责评估是否会给银行声誉造成负面影响。一般来讲，德国法学毕业生中前 10% 才可进入德国大型企业工作，而前 5%~6% 才有可能被德意志银行录取。

“这么说，你声明你偷食品是因为你快要饿死了”，法官说，“那么你为什么不拿吃的，却偷光了钱柜呢？”

“因为，我是一位有自尊心的人，法官先生”，被告回答说，“我总是遵循一条规则：我吃什么都要付钱。”

下　法律人如何养成

是竭力追求最大多数人的最大幸福
还是尽量避免最大多数人的最大不幸

卷八

在有航标的河流上淌过

在人的一生中，大学四年可谓白驹过隙，又恰处青春韶光。因为青春可贵，也因为大学四年是人一生的基础，做好大学生活规划，关乎人生的未来，亦关乎未来是否精彩。有人说，University 的音译就是"由你玩四年"。经过高考的炼狱，步入大学的学生确有重生之感。"由你玩四年"，如是戏言尚可，不必深究，想必谁也不会拿命运开涮。要紧的倒是，如何学会从中学"活着"向大学"生活"的转身。以前中学的活动都是在家长、老师的注目下发生的，且学习几乎是生命的全部，而现在除了学习，还要学会独立生活，这令许多学生无所适从。不少人感到，上了大学仿佛失去了人生目标，虽然整天忙忙碌碌，却不知道忙碌什么，年复一年，"挥一挥衣袖，不带走一片云彩……"。如何转身，乃至转得华丽一点，这

图片来源：百度图片

第一个动作就是学会规划你的大学生活，让你的大学岁月在有航标的河流上淌过。

1 认识培养方案

要规划好你的大学生活，有必要先了解法学专业本科生培养方案，因为你的大学生活受制于它。每一个大学的专业都有相应的培养方案，培养方案对培养目标、培养要求、学制、修业年限与学位授予、学分要求、考核方式、课程序列表和指导性教学进度表等，作出了明确规定，它是规制你大学学习的"法律"，必须仔细研读，并据此制定个人规划。

1—1 法学专业本科生培养方案的主要内容（以××大学2016年的为例）

法学专业本科生培养方案

一、培养目标

本专业培养具有厚基础、宽口径、高素质、强能力的复合型、应用型、创新型高级法学专门人才。学生具有广泛的人文社会科学与自然科学领域的知识基础；具有较坚实的法学理论基础，系统地掌握法学知识和法律规定，了解国内外法学理论发展及国内立法信息，并能用一门外语阅读专业书刊；具有较高的政治理论素质、较强的分析能力、判断能力和实际操作能力；能较熟练地应用有关法律知识和法律规定办理各类法律事务，解决各类法律纠纷，并具有从事法学教育和研究工作的基本能力和素质。

二、培养要求

学生通过学习国家的法律、法规和法学的基本理论与基本知识，掌握法学基本理论和技术，能够较灵活地运用所学理论指导实践工作，具有分析问题、解决问题和组织领导法学实践活动的实际工作能力和创新能力。毕业生应获得以下几方面的知识和能力：

（一）掌握法学的基本理论、基础知识；

（二）熟悉法律工作的方针、政策和法规；

（三）具有执法的基本能力；

（四）掌握法学理论研究的基本方法，了解法学前沿理论及其研究动态，具有一定的教学、科学研究和实际工作能力；

（五）身体素质达到国家规定的大学生体育锻炼和军事训练合格标准，具备健全的心理和健康的体魄，能够胜任从事本专业范围内的各项工作的要求，能够履行建设祖国和保卫祖国的神圣义务；

（六）掌握一门外国语，能够熟练运用并达到国家规定的等级水平。

三、学制、修业年限与学位授予

学制 4 年；修业年限 3 年~6 年。完成本培养方案规定的课程和学分要求，考核合格，准予毕业并授予法学学士学位。

四、学分要求

总学分为 164。具体分配如下：

（一）课堂教学学分：146 学分，2 776 课时。

春秋学期每学期为 18 周，其中课堂教学 16 周，考试 2 周；夏季学期为 4 周，无考试周。

（二）课外实践教学学分：18 学分

1. 军　　训	第一学期 2 周	1 学分
2. 公益劳动和志愿服务	第三学期 2 周	1 学分
3. 社会实践	第五学期 4 周	2 学分
4. 学年论文	第五学期 2 周	1 学分
5. 专业实习	第七学期 10 周	5 学分
6. 毕业论文	第七至八学期 16 周	8 学分

（三）课内实践教学学分：6 学分

五、课程设置

根据本专业培养目标的要求，结合社会需要，本专业课堂教学课程体系由通识课和专业课构成，通识课和专业课均分别由必修课和选修课组成。通识必修课共 43 学分；专业必修课由 18 门课程组成，共 58 学分；专业选修课应修满 20 学分，具体要求为基础专业选修课组应修 12 学分，案例课组应修 4 学分，研讨课组应修 2 学分，实务技能课组应修 2 学分；全校通识选修课应修满 18 学分，具体要求是通识主干课 8 学分、一般通识课 10 学分；任选至少 3 学分。国际课程应修满 2 学分，创新创业类课程应修满 2 学分。

六、社会实践与专业实习

社会实践旨在引导学生了解社会，掌握社会调查的基本方法，共 4 周，安排在第五学期期末；专业实习共 10 周，安排在第七学期。

七、科研

为培养学生研究与分析问题的能力，本培养方案所列社会实践、专业实习须撰写调查报告、实习报告。课堂教学学分修满后学生均需撰写毕业论文。

八、考核

考核分考试和考查两种。必修课必须考试，选修课一般为考查。

考试分笔试与口试：笔试采用百分制；口试和考查采用五级分制，即优、良、中、及格、不及格。

九、课程序列表和指导性教学进度表（略）

1—2 培养方案阅读指南

基准学制和学位

与其他专业一样，法学专业本科生学习的基准学制为 4 年，但学生可在 3 年~6 年间修完。这意味着学生可提前一年或延长一至两年完成学业。学生修完培养方案规定的课程和学分，考核合格，准予毕业并授予法学学士学位。

学分制

学分制与学年制对应。学年制以学年为单位来衡量学业完成情况。学分制则用最低总学分来测度学习量和毕业水平。学分制下的学校就像一个课程“大超市”，里面的“商品”琳琅满目，学生就是顾客，上什么课、想听谁的课、何时上课，自己选择。这能让学生“选我所爱，爱我所选”，以培养学生的个性，充分发挥自己的潜能。

依上列培养方案，法学专业学生需获得 164 个学分才算完成学业。课堂教学每 16 课时计一个学分。每个标准学期为 18 周，其中课堂教学 16 周，考试 2 周。

课程

英文“课程”一词 curriculum 的拉丁字源是 currere，意指跑马道或奔跑，含有行进时所遵循之路线的意义。引申至教育领域，课程指实现教育之内容的形式，或指学习活动的安排，让学生在课程之跑道中奔跑。

通识课

通识课服务于通识教育，通识教育又称博雅教育。古希腊倡导博雅教育（Liberal Education），它不是对学生进行职业训练或专业训练，而是通过几种基本知识和技能，培育具有自由性灵和健全人格的人，使之“学识广博，生活高雅”。今天的通识教育还可克服高等教育中普遍存在的唯知识论、过分专业化的弊端，有助于学生能力的培养，以适应当今和未来岗位变动与职业转换的要求。

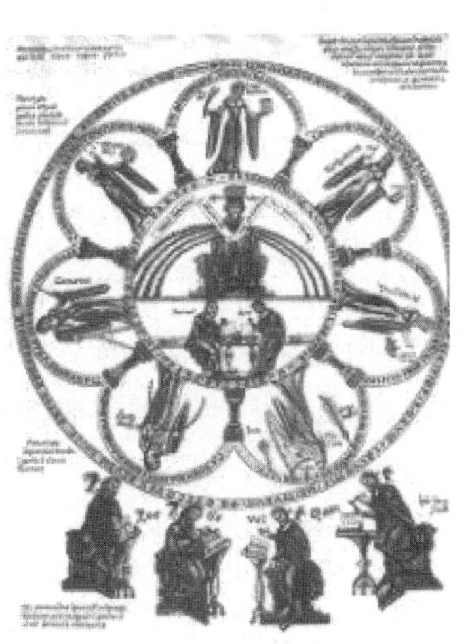

古罗马的七艺

图片来源：http://www. ccthere. com/topic/1684237/1

因此，通识课程指那些具有“统领一切的普遍价值”的课程，如古罗马的七艺——文法、修辞学、辩证法、音乐、算术、几何学、天文学，儒家的六艺——礼、乐、射、御、书、数。当今，人们把通识课程简分为三类——人文素质类、哲学社会科学类、自然科学类，如中华文明通论、西方文明通论、体育、外语、生物伦理学、古筝、中国古典诗词赏析、人际关系与沟通。①

专业课

高等学校根据培养目标开设的专业知识和专门技能的课程，给学生一种职业训练或专业训练。学生凭借专业课所学专业知识和专门技能，在大千世界安身立命。

必修课

某一专业必须学习掌握的课程为必修课，在教学计划中明确列出。此类课程是保证培养专门人才的根本。必修课分为通识必修课与专业必修课。

选修课

选修课充分体现了大学学习自由的特点，学习某一专业的人可根据自己的需要及受教育程度，有选择地学习课程，在教学计划中加以规定。选修课分为通识选修课与专业选修课。

社会实践

对于在校大学生而言，为加深对本专业的了解、确认适合的职业、为向职场过渡做准备、增强就业竞争优势，社会实践具有多方面意义。社会实践通常在假期中进行，又称假期实习。社会实践的

---

① 大学通识教育通俗书目推荐：

（1）冯友兰：《中国哲学简史》（插图珍藏本），北京，新世界出版社，2004。

（2）［英］安东尼·肯尼编：《牛津西方哲学史》（插图本），韩东晖译，北京，中国人民大学出版社，2008。

（3）［美］理查德·尼斯贝特：《思维的版图》，李秀霞译，北京，中信出版社，2006。

（4）郭维森、柳士镇主编：《图说中国文化基础》，北京，新世界出版社，2007。

（5）吴淡如：《有一种美叫感伤——不可不读的五十首唐宋词》（图文珍藏本），西安，陕西人民出版社，2006。

（6）沙依仁等：《社会科学是什么》，北京，世界图书出版公司，2006。

（7）［英］史蒂芬·霍金等：《时间简史》（普及版），吴忠超译，长沙，湖南科学技术出版社，2006。

形式有侧重经济利益的留校勤工俭学、家教、打零工，有既锻炼能力又奉献爱心的做义工、支教，还有与专业相关的单位实习（包括有偿和无偿）。

学年论文

用来进行科学研究和描述科研成果的文章称论文。它既是探讨问题进行科学研究的一种手段，又是描述科研成果、进行学术交流的一种工具。学年论文是高等院校要求学生每学年完成的一篇学术论文，是一种初级形态的学术论文，目的在于使学生初步学会对一学年所学专业知识进行科学研究。

专业实习

知不易，行更难。专业实习旨在通过实践活动巩固学生所学的理论知识、提高其综合分析和解决问题的能力，是培养学生实践创新精神、实现人才培养目标的重要途径。

毕业论文

毕业论文是毕业生总结性的独立作业，是学生运用在校学习的基本知识和基础理论，去分析、解决实际问题的实践过程，也是学生在校学习期间学习成果的综合性总结。

2　规划

理解了培养方案并不意味着可按部就班地度过大学四年、实现个人理想，学生还需根据培养方案，结合个人性格品质、素质兴趣、学习能力、家庭背景、就业机会、具体目标作出规划。规划在时间上大致可分为总体规划、学期规划和每周安排。总体规划是一切规划的基础，应全程监督、检查实施。为清晰可见，下面以表格形式对各种规划的主要内容举例说明。

2—1　总体规划

学期	学习内容和目标					
	法学专业学习	目标	非法学专业学习	目标及证书	其他活动	目标及证书
第一学期	专业选修课 法理学导论	掌握法学基础知识，培养自主学习的观念及方法	外语 体育（一） 计算机	了解人文社科、自然科学知识，计算机水平二级证书	社团活动、讲座、演讲比赛、征文活动、辩论赛、知识竞赛、球赛	拓宽知识面，培养组织能力，提高人际交往能力，塑造健全人格
第二学期	宪法学 民法学原理（一） 中国法制史	掌握法学专门知识、法律思维，培养自主学习的观念及方法	外语 体育（二） 中华文明通论	了解人文社科、自然科学知识，英语四级合格	社团活动等	（同上）
第三学期	民法学原理（二） 商法（一） 刑法学总论	（同上）	外语 体育（二） 西方文明通论	了解人文社科知识	社团活动等	（同上）
第四学期	刑法学分论 民事诉讼法学 知识产权法 刑事诉讼法学	掌握法学专门知识、法律思维	外语 体育（二）	了解人文社科知识，英语六级合格	社团活动等逐步减少	（同上）

续表

学期	学习内容和目标					
	法学专业学习	目标	非法学专业学习	目标及证书	其他活动	目标及证书
第五学期	经济法总论 法理学原理 行政法与行政诉讼法 国际法	（同上）	无课程		学年论文 社会实践	培养研究能力
第六学期	国际私法 国际经济法	（同上）	（同上）		假期准备法律职业资格考试	取得法律职业资格
第七学期	专业选修课 犯罪学 等	（同上）	（同上）		参加法律职业资格考试专业实习	取得法律职业资格
第八学期	形势与政策		（同上）		毕业论文，接受就业指导找工作	培养研究能力
备注						

2—2 学期规划

学期	学习内容和目标					
	法学专业学习	目标	非法学专业学习	目标及证书	其他活动	目标及证书
第二学期	宪法学 民法学原理（一） 中国法制史	掌握法学专门知识、法律思维，培养自主学习的观念及方法	外语 体育（二） 中华文明通论	了解人文社科知识，英语四级合格	社团活动	拓宽知识面，提高人际交往能力

2—3 每周安排

时间	星期						
	一	二	三	四	五	六	日
6：30-8：00	跑步　晨读						
8：00-12：00	听课						
12：30-13：30	午休						
13：30-17：30	听课						
17：30-22：00	讨论　自习						

3 职业规划

当今高校毕业生的就业形势十分严峻，甚至有些学生刚毕业就失业，高校毕业生的就业问题已经上升为民生问题。同时，职业规划也是当前高校本科教学设计中长期被忽视的一个问题。一项名为“第一次就业调查”的调查结果显示：在寻找第一份工作时，26.4%的人完全没有考虑过职业规划问题，66.8%的人考虑过但不全面，只有8.6%的人比较充分地考虑过职业规划问题。对第一份工作，三分之一的人是先就业后择业，三分之一以上的人把第一份工作当成职业的跳板，而16%的人“没有太多考虑”，凭感觉走选择了第一份工作。大学毕业生就业后的一年内流失率高达50%，两年内的流失率接近四分之三。[①] 这与未充分地考虑过职业规划问题有很大关系。古人云：凡事预则立，不预则废。大学生要做好职业规划，以充分利用一生中最好的学习时间，有的放矢，有规划地学习有用的知识和培养相关的技能和素质。

目前，个人进行职业规划一般采用五步法，也称为“五W法”：

第一步 Who：我是谁？我是一个什么样的人，我可以往哪个方向发展？

第二步 What：我会做什么？我掌握了什么知识、技能？我能胜任什么样的工作？我还需要学习哪些知识？

第三步 Why：我为什么向这个职业发展？

第四步 Where：我现在正处在这个职业的什么阶段？我计划能够达到哪个阶段，计划与现在存在哪些差距？通过努力，我能否达到目标？

第五步 When：我什么时候达到职业发展的目标阶段？为此，我如何安排学习时间？

认清自己
明确目标
如何达成
终生事业
Lifework

图片来源：http://www.zhichang.cn/Start

这种“五W法”较容易操作，实际中采取“个人职业生涯规划书”形式更一目了然。下面是一份北京某大学法学专业大一学生朱××在2010年4月撰写的规划书。

个人职业生涯规划书

学院：法学院

专业：法学（实验班）

年级：2009级

---

① 参见任立新、陈亚东：《理性分析当代大学生的择业、就业观》，见 http://www.tjmj.org.cn/hk_list_look.asp?loca=&am，访问时间：2013-05-08。数据有微小误差，原文如此。——作者注

姓名：朱××

性别：男

2010 年 4 月

一、自我分析

自我分析是对自己进行全方位、多角度的分析。

<table>
<tr><td colspan="2">职业兴趣
（喜欢干什么）</td><td>我的性格温和，对待每件事和每个人都认认真真，工作踏实，注重反思，乐于助人，故此自认为较适于传统型的实务工作。</td></tr>
<tr><td colspan="2">职业能力
（能够干什么）</td><td>我目前尚处于大一，职业能力较难分析。就目前情况看，我的课业成绩较好、学习能力强，但交际能力和创新能力有待提高。</td></tr>
<tr><td colspan="2">个人特质
（适合干什么）</td><td>进入大学以来，我也积极参与社团活动，很喜欢服务社会的志愿者工作。在学习生活中，我注重积累，广泛阅读，踏实静心，不喜张扬和功利，因此倾向于稳定的能很好地为社会服务的工作。</td></tr>
<tr><td colspan="2">职业价值观
（最看重什么）</td><td>我最看重工作的稳定性。一个稳定的工作环境，更适合我的生活方式。我希望能找到一份稳定的工作，认真务实，作出自己的一份事业。</td></tr>
<tr><td colspan="2">胜任能力
（优劣势是什么）</td><td>优势：踏实、勤勉、理性、高效、追求卓越；
劣势：不善交际、缺乏特长。</td></tr>
<tr><td rowspan="3">个人经历</td><td>教育经历</td><td>我从农村的小学和初中毕业，成绩优异，进入××市重点中学，在高考中发挥稳定，进入××大学。</td></tr>
<tr><td>工作经历</td><td>无</td></tr>
<tr><td>培训经历</td><td>无</td></tr>
<tr><td colspan="3">自我分析小结：在以后的时间里，我会继续努力学习，发挥自身优势，利用好大学的资源，并努力克服自身缺点，认真思考，走好每一步。</td></tr>
</table>

二、职业分析

职业分析是对影响职业选择的相关外部环境进行客观、系统的分析。

家庭环境分析（如经济状况、家人期望、家族文化等以及对本人的影响）

我来自浙江的一个普通农村家庭，父亲是民营企业的生产经理，母亲是普通职工。家人希望我能找到一份适合自己的稳定工作。我觉得农村家庭的善良朴实、踏实勤勉深深地影响了我。

<table>
<tr><td>学校环境分析（如学校特色、专业学习、实践经验等）
　　我目前就读的××大学是国内一流的法科学府，师资力量雄厚，学习氛围良好，有着深厚的历史积淀和文化底蕴。目前我所在的法学实验班，更是配备了本校最优秀的老师，同学们也努力学习，积极参与小组讨论。在实践中，我还去过××区人民法院旁听，积极申报科研项目等，获益颇丰。</td></tr>
<tr><td>社会环境分析（如就业形势、就业政策、竞争对手等）
　　在我国目前严峻的就业形势下，法律行业的门槛更高。北京也对报考公务员和非北京籍学生的就业有所限制，故此就业前景不容乐观。我们的竞争对手不仅包括国内许多政法院校的学生，也包括社会上很多想跻身此行业的人。</td></tr>
<tr><td>职业环境分析
（1）行业分析（如××行业现状及发展趋势，人业匹配分析）
　　目前法律行业发展较快，需要大量高素质人才，但同时，每年都有大量的高校毕业生进入就业市场，基本呈供大于求的状态，就业形势严峻。
但同时，高素质人才和跨学科领域的人才则较为短缺。
（2）职业分析（如××职业的工作内容、工作要求、发展前景，人岗匹配分析）
　　法律行业包括公检法、律师、法律顾问等工作，要求有丰富的专业知识、很强的实务能力。在中国法治化进程中，法律行业有很好的发展前景，但目前有大量人员涌入就业市场，供大于求。
（3）企业分析（如××单位类型、企业文化、发展前景、发展阶段、产品服务、员工素质、工作氛围等，人企匹配分析）
　　尚缺乏实践经验，故不了解相关情况。
（4）地域分析（如××工作城市的发展前景、文化特点、气候水土、人际关系等，人城匹配分析）
　　长三角地区经济发达，发展前景好，对法律人才的需求也较大。因本人来自浙北，此地无疑在文化特点、气候水土和人际关系上，都比较适合我就业。</td></tr>
<tr><td>职业分析小结：
　　本人希望通过自身努力学习，积累丰富的专业知识，锻炼实务能力，将来能从事法律职业，提升自我，服务社会。</td></tr>
</table>

三、职业定位

综合第一部分（自我分析）与第二部分（职业分析）的主要内容得出本人职业定位的SWOT分析：

<table>
<tr><td rowspan="2">内部环境因素</td><td>优势因素（S）</td><td>弱势因素（W）</td></tr>
<tr><td>踏实、勤勉、理性、高效、追求卓越</td><td>不善交际、缺乏特长</td></tr>
<tr><td rowspan="2">外部环境因素</td><td>机会因素（O）</td><td>威胁因素（T）</td></tr>
<tr><td>相关行业招聘</td><td>同行竞争</td></tr>
</table>

结论：

职业目标	我希望从事法律职业，优先考虑公检法部门。
职业发展策略	我希望从基层干起，积累经验。希望到长三角地区发展。
职业发展路径	举例：走专家路线（管理路线等） 从基层做起，一步一步来。
具体路径	举例：××员——初级××——中级××——高级×× 因工作目标并不确定，难以表述。

四、计划实施

计划名称：短期计划

时间跨度：2009 年 9 月 1 日 ~2015 年 12 月 31 日

总目标：进入公检法部门工作

分目标：通过英语四、六级考试，通过司法考试，完成 6 年学业并拿到学位证书，丰富知识、锻炼能力。

中长期计划尚未明晰，但我在方向上还是追求稳定的工作，并不追求高薪，但求对社会和家庭尽到应有的责任。

五、评估调整

1. 评估的内容

职业目标评估：如果我无法进入公检法部门工作，那我会适时考虑其他法律职业。

如果在北京找不到工作，我会考虑回长三角地区。如果仍然找不到工作，我也会考虑其他地区。

职业路径评估：在遇到阻碍时，我会理性思考，争取克服阻碍，但也必须学会妥协。

实施策略评估：假如计划出现冲突，我就会有所放弃。

2. 评估的时间

一般情况下，我在学习生活中会多次评估自己的规划。

3. 规划调整的原则

坚持大的方向不变，适当改变小的方向。

六、结束语

制订计划对以后的择业是必要而有益的，但是 5 年以后的未来无法完全和清晰地预见，因此我在日后的学习生活中也会时常反思我的计划。职业规划为我设定了一个目标，而我目前最应该做的便是认真努力学习，积累专业知识，增强实务能力。我才刚刚学习法律，尚需加倍努力。

"找到了舅舅的孩子"这句话可作几种理解？

卷九

爬上法学的知识树

法学在本性上是一门应用学科，应用学科的使命就是要解决问题。但法学与其他应用学科还有所不同：在理论与实践之间，横隔着一个法律规范。法学实际承担的任务是，如何设计出体现一定理论的法律规范，并将之运用到现实生活中去。法学教育要充分反映法学这种学科性质，因而，传授什么知识固然重要，而如何传授更应当被优先考虑。

现通行于各法学院系的教学方式，仍主要是系统讲授，教师在台上海阔天空地宣讲，学生埋头做笔记忙个不停。这与中学“填鸭式”教学并无大异。不否认这种方式对于学生全面了解某门课程的基本知识、来龙去脉有其合理性，但学生只会背基本原理和法律条文，未掌握应用它们去分析实际问题之方法、技巧，缺乏创造性思维等弊端也由此产生。虽然教师也意识到这些不足，尽量在讲授中援用大量事实对基本原理和法律条文加以解说，但囿于系统讲授之形式要求，难以言无不尽，于事无大补。

法学知识是如何传授的呢？这是教学形式要解决的问题，学生只有了解了教学形式，才可谈如何研习。让我们再一次来到法学的知识树下，先看看大学传授什么样的法学知识。

1　法学知识树

与法律的类型有所不同，法学知识树有三大分支（见下图）。

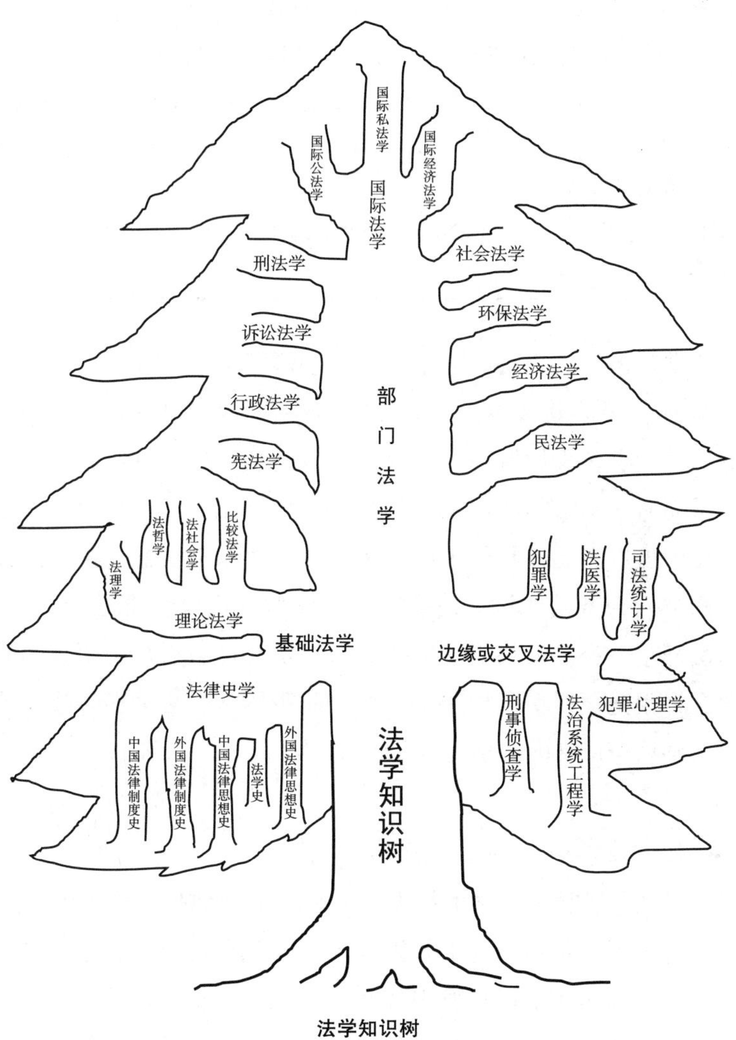

法学知识树

1. 基础法学

理论法学：包括法理学、法哲学、法社会学、比较法学

法律史学：包括中国法律制度史、外国法律制度史、中国法律思想史、外国法律思想史和法学史等

2. 部门法学（法律教义学）

包括宪法学、行政法学、刑法学、民法学、经济法学、社会法学、环境保护法学、诉讼法学等。其中还可分国内法学、外国法学和国际法学，如中国宪法学、德国民法学。国际法学包括国际公法学、国际私法学、国际经济法学等

3. 边缘或交叉法学

包括犯罪学、法医学、刑事侦查学、犯罪心理学、法治系统工程学和司法统计学等

法学知识树与“法学矩阵”（见本书第16页）的关系：

本书第16页将法学分为狭义的法学和广义的法学两类。而在大学的法学知识课程设置中，会根据学科特征、教学目标和学科之间的关系而对狭义法学和广义法学的分类作适当调整。在上面的法学知识树中可以看到，归属于广义法学的法哲学、法社会学和法律史学等都被列为基础法学，这是因为尽管这三门学科都是交叉性的，但与法理学一道，为部门法学的学习提供制度背景、历史视角和精深概念，因此被列在基础法学一栏。而犯罪学、法医学等边缘或交叉学科则属于广义的法学。

2 教学形式及研习方法

高等法学教育之于学生要实现三大目标：形成基本知识（理论、规范）体系；训练运用基本知识处理实际问题的能力；培养创造性思维方式。大学教学形式要围绕此三个目标设置。显然，单一的系统讲授只能完成第一个任务。各部门法课程应分成不同教学形式来实施，主要就是讲授课、案例分析课和学术讨论课，形成组织形式

多样、教学互动、理论与实际紧密结合的教学格局，以便快捷地让学生爬上法学的知识树。

2—1　讲授课及研习方法

讲授课，俗称大课，是大学教学的一种最古老的形式。据考，在大学设立之初，书籍缺乏，教师只能通过呆板的系统宣讲甚至念讲稿来传授知识。自书籍普及以来，这种方式就为以系统讲解某门课的基本原理为主、辅之背景知识和现实情况的介绍所代替，目的在于使学生对某门课程有一个概貌式的了解。讲授课一般应由教授、副教授担当，传授的是理论知识，注重知识体系的建立、理论的推导与应用。讲授者的学术声望、个人风度及讲授技巧在很大程度上决定着讲授课的成功与否。讲授的科目为必修课和选择必修课，听者众多，尤其是像民法总论、刑法总论这样的专业必修课。

讲授课课堂

图片来源：德国法兰克福大学网站，http://www. uni-frankfurt. de/fb/index. html

在讲授课上如何获取知识呢？有人对知识的获取作出研究，结果为：读、听、看、说、做对知识的获取多少不同。[①]

美国心理学家巴纳特也以大学生为对象做了一个实验，研究做笔记与否对听课学习的影响。学习材料为介绍美国公路发展史的文章，约 1 800 个单词，教师以每分钟 120 个词的中等速度读给他们听。学生被分成三组，每组以不同的方式进行学习。

① 资料来源：Wolfgang Mentzel，Rhetorik，Haufe，2002，S. 51。

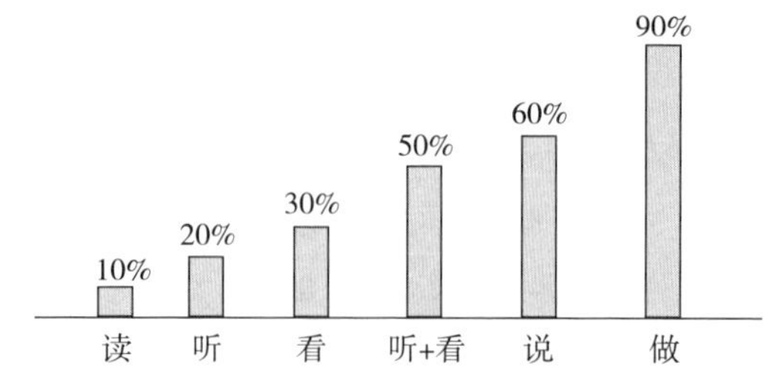

甲组	听+笔记（摘要）	一边听课，一边摘出要点
乙组	听+看	听课的同时，看已列好的要点，但不动手写
丙组	听	只是单纯听讲，既不动手写，也不看有关要点

之后，对所有学生进行回忆测验，检查记忆效果。实验结果表明：甲组的学习成绩最好；乙组的学习成绩次之；丙组的学习成绩最差。

● **听课做笔记**

既然听+笔记的记忆效果最好，听课做笔记具体有哪些好处呢？可以罗列如下：

——集中注意力。在听课时记好笔记，必须跟上老师的讲课思路，把注意力集中到学习的内容上，光听不记则有可能分散注意力。

——理解学习的内容。听课时用自己的语言记下讲课的纲要、重点和疑难点，对所学知识的理解和体会更深。复习起来，事半功倍。如果不记笔记，复习时只好从头到尾去读教材，这样既花时间又难得要领。

——扩充新知。笔记可以记下老师在课堂讲授的超出教材的一些新知识、新观点。

● **怎样做笔记**

——一课一本。不要在一个本子里同时记几门课，这样会混乱不堪。

——左右分工。每页左侧的大半页纸用于做笔记，右侧留出三分之一或四分之一的空白，用于课后拾遗补阙，或写上自己的心得体会。

——方式多样。

A. 要点笔记：记知识要点，如重要的概念、论点、论据、结论、定理、定律，对老师所讲的内容用关键词语加以概括。据说诺贝尔和平奖获得者、美国前副总统戈尔在学习法学时，常将一篇文章缩成一段话，再将一段话缩成一句，最后将一句话缩成一个字。似有夸张，却不无启示。

B. 提纲笔记：记下主讲章节的大小标题，并分出不同的层次，在每一层次中记下要点和有关细节。举例尤不可错过。

C. 图式概括：如

自然人
- （1）自然人的民事权利能力（自然人与公民）
- （2）自然人的民事行为能力（概念　类型）
- （3）自然人的住所（与居所的关系）
- （4）监护（概念　设立　职责　终止）
- （5）宣告失踪与宣告死亡（失踪　死亡）
- （6）个体工商户与农村承包经营户（财产责任）
- （7）个人合伙（概念和特征 财产关系 内部关系 债务承担　终止）

——检查笔记。课后从头至尾阅读笔记，既可以起到复习的作用，又可以检查笔记中的遗漏和错误。课堂录音是个好方法，首先是有比较好的录音设备，如 MP3 或者录音笔，其次是选择较好的位置，但最关键的是有时间和耐心去反复听录音。

● 如何选择选修课

如何选择选修课是很多大学生非常苦恼的问题，这是自由所致的痛苦。一项对 200 所大学的学生进行的调查表明：大部分的学生在选择选修课时，更看重课堂内容的实用性，而不是个人兴趣或容易通过（见下页图）。①

① 资料来源：教育点评网，http://www.rvedu.com/group/viewTopicReply.jhtml?groupId=4123...。

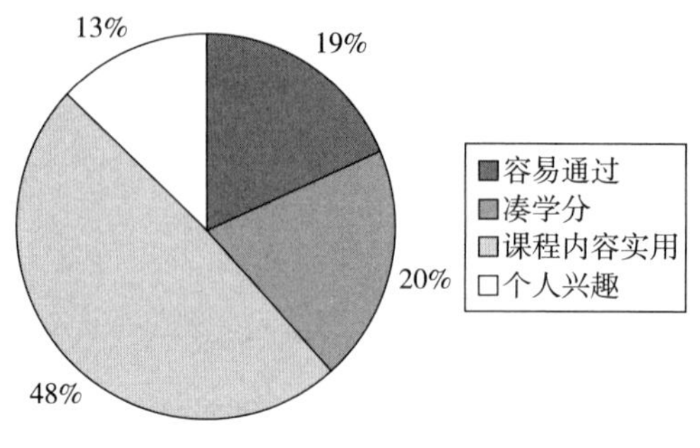

选择选修课的标准

图片来源：http://www.rvedu.com/group/viewTopicReply.jhtml?groupId=4123...

积经验之谈，学生在选择选修课时应注意：

——清楚与必修课的主次关系，不要因为选修课太多而忽略必修课。

——在大二、大三多选，不要等到大四还没修够学分再选。

——实用和兴趣结合，有比例地选择实用的和自己喜欢的选修课，以提高学习效率。

● **研习小组**

为了使学生能更好地理解讲授课中教师讲述的抽象的基本原理，主要在民法、刑法、行政法等方面，学生可自发组成若干研习小组，大小以能开展自由讨论为限。研习小组还可请实践经验丰富的法官、检察官或教授的助手来指导，其任务是具体解释所学基本理论并组织学生讨论。

2—2　案例分析课及研习方法

研习法律的人会感到，法律的概念、理论、条文都非常抽象，靠死记硬背无济于事。也许你能记住一个制度中涉及的概念、法律特征、构成要件等，但一旦遇到实际问题就一脸茫然、不知所措。怎样才能将在课堂上所学习到的理论与实践紧密结合起来呢？最好的方法就是练习，即分析案例，“熟能生巧”。案例分析课旨在培养学生将理论应用于实际的技巧和方法，所练习的内容为民法、刑法等部门法的一般原理。从一项“您是通过哪个途径获取本课程知识”的调查问卷的结果上看，案例分析课所占百分比最大。案例分析课由教授或讲师主持，还常有法官、律师参与指导，学生先依据在讲授课或研习小组中掌握的基本理论对案例进行分析，然后主持人组织讨论并加以系统总结。

● **如何分析案例**

分析案例的一般性思路和方法有如下几种。

⇩ 判断案情类型。阅读案例最主要的是抓住主要事实和核心问题，切忌像看小说，一目十行。通过阅读案情，判断是一个什么类型的案件，是民事案件、刑事案件还是行政案件。如果是民事案件，还要区分是婚姻、合同、公司纠纷案件还是专利纠纷案件。再看纠纷是什么、当事人有哪些、相互之间存在什么法律关系、（试卷）提出的问题是什么。

⇩ 明确争议焦点。争议焦点往往是案例提出的问题，也是案情最关键的内容。在案例中，争议焦点一般表现为两个方面：一是原告的请求理由，二是被告的抗辩理由。二者往往围绕一个事实或者一个情节展开，整个案情也围绕这一个中心进行。一个案件中往往包括许多情节，要弄清楚各个情节之间有无关联、关联性质和程度如何等。在此基础上，排除一些与问题没有关联和对问题解决无作用的情节，提炼出回答问题需要的情节，使案件简单化、条理化、清晰化。

⇩ 确定适用的法律。案例分析只不过是对法条的另一种考查。多数案例是根据法条编排的，在解答案例时，一定要分析背后的法条是什么。答案要直接、明了、具体、确定，不要答非所问、模棱两可。要准确确定适用的法律，就必须熟知有关的法律规定，但也无须一字不差地记住某某条，只要答出基本意思即可。

⇩ 分析说理，得出结论。针对案例提出的问题，运用有关理论和法律规定，得出结论。这是案例分析最重要、最关键的一环。结论是从前面的法条中经解释、分析、说明推导出来的。有时一个案子理论上有解答，可是没有具体的法律规定，或法律规定不清楚，但不能因为没有法律规定而拒绝回答案件，因为法官不能拒绝裁判。

此时，可能需要在不违背法律精神的前提下进行价值考量，作出合理的法律解释。

啤酒广告

湖南新闻频道曾播出了一个长沙当地某啤酒品牌的广告：屈原悲闷地站在江边，一边念着“吾将上下而求索”，一边摆出要投江的架势。这时，屈原身后的一位现代年轻人奉劝屈原说：“人都死了，你还能求索啥?”屈原听了一扫愁容，笑逐颜开，与年轻人席地而坐，开怀畅饮该品牌啤酒。

问：应从宪法上限制言论自由角度分析，还是从违反广告法，或民事侵权、维护死者的名誉权角度分析?（知识点　判断是什么类型的案件）

● **诊所式教学**

诊所式教学也属应用性教育，它把传统教育从知到行倒置为从行到知，其真谛在于“从实践经验中学习”或“学习如何从实践中学习”。这种教学形式设置了一个真实的司法场景，让学生直接面对案件当事人，提供法律意见，像医生在诊所接待病人，诊断病情开出处方，故称诊所式教学。它起源于20世纪60年代的美国，初衷是为穷人提供免费法律援助，同时也为法学院学生提供法律实践的机会。现已成为世界多个国家法学教育的重要教学方法。

截至2020年年底，中国有200多个法学院建立了“法律诊所”[①]。在法律诊所中，三年级以上的本科生及研究生在教师的指导下接受当事人的委托，为当事人提供法律咨询，在实践中学习律师职业技巧，如会见当事人、证人，调查取证，查阅资料，调解，谈判，起草法律文件，出庭参加庭审，融法学理论、实体法、程序法与司法实践、职业技巧于一体。指导教师大多具有律师执业经验，具有不同的专业背景和丰富的教学与实务经验，教学方法采用提问式、对谈式、互动式、模拟训练、个案分析等多种多样的形式。

① 中国诊所法律教育网，http://www.cliniclaw.cn/artical/?id=1965。

法律诊所学生日记

（选自××大学法学院网站，秦蓁，访问时间：2010-05-31）

11. 15. 冬日的温暖

又是周二，在我的记忆中，这样的早上总是阴霾的，那种挥之不去的阴郁总是缠绕着你，虽然已经习惯了看当事人的满面愤怒或是泣不成声，太多的怨气和冤气让这里的空气变得让人难以呼吸！

今早却是个例外，只因为一个电话，说实话，每当法律诊所的电话响起时，我总是觉得不寒而栗，那种紧张和压抑悠然而来，我知道我将面对的是什么。今天依旧在听到丁零零的声音后，大家屏息静听，是一位老爷爷的声音，犹记着上周二的创举，一个早上来了 15 位当事人，我们全都疯了，对这位黄老爷爷尤为的有印象，与其说他是来咨询法律问题，不如说他是来咨询心理问题。不过，我要说句实话，以我的心理学知识和司法精神病学的理论分析，老爷爷是典型的迫害妄想症，他总是认为有人用脑电波控制他的行为，迫害他！当然我们不能把这个消息直接告诉老人，出于一份同情和尊敬，我们陪着他聊了好久，最终他算是满意而归。今早接到这个电话，大家都有一点紧张，可是爷爷说：我没什么事，就是给你们说一下，天冷了，穿暖点，最近禽流感比较严重，小心点啊！听完这些话，我当时真的有种莫名的感动，收到一名没有血缘关系的长者在这样的寒冬的温暖的问候，来自陌生人的关怀是最彻入心肺的。

长久以来，我一直都为一个问题苦恼，就是在法律诊所我的任务，除了做一位聆听者外，究竟我能给当事人什么样的帮助。每一次回信我都在想：究竟这有用吗？除了心灵的慰藉，我更想做些实际的，直到今天，这个悬疑算是有了答案。这些人，只有在这个纯洁的校园他们才能得到这样一点的温存，或许我们的只言片语，我们代写的种种文书派不上多大的实际用途，但是最起码给了他们寒冷的心一点温存，让他们在这荒原中看到一点星星之火。我们也算尽了该尽的义务！

2—3　学术讨论课及研习方法

与案例分析课注重训练实际能力不同，第三种形式——学术讨论课（seminar），意在训练学生开放的、自由的学术能力。教师单方面的授课，课堂无提问或讨论，久而久之就造成了法律人较为孤独的性格。Seminar，音译为习明纳，意译为学术讨论课。Seminar 最早见于 18 世纪虔敬派教育家佛兰克创办的师范学校中。1737 年，德国著名学者格斯纳在德国哥廷根大学创办哲学 seminar，把 seminar 引入大学。后来，柏林大学对 seminar 进行了改造，把它发展成为一种基本的教学形式。在 seminar 课程中，通过教师和学生畅所欲言地讨论、自由地发表意见，发现真理。

Seminar 教室

图片来源：http://web.grinnell.edu/theatre/facilit···nar.html

Seminar 课程分为初级、高级两级，两者的差异在于研究的问题不同：高级 seminar 研究的是前沿问题，注重对问题的关注；而初级 Seminar 研究的是一门课的基础问题，既关注问题，也关注学生对经典文献的阅读，对经典理论的梳理。

Seminar 课程参加者为掌握一定基础理论和研习方法的高年级学生。根据讨论的内容，学术讨论由教授单独或与资深法官、检察官共同主持。其进行的方式是：

⇩ 教授拟定论题；

⇩ 学生在教授拟定的一些具有讨论或争论意义的论题中选取一个，在课外进行准备；

⇩ 写出发言大纲；

⇩ 然后在讨论会上作一个简短的学术报告；

⇩ 全体参加者包括主持人可对此进行评议，抑或作出自己的解说，最后由主持人作出优长与不足的评定总结；

⇩ 学生再根据讨论的情况，完成一篇约 20 打印页的学术论文，提交给教授，以期获得一张成绩单。

2—4　其他研习方法

（1）看法条是法条

研习法学离不开法条，就像学文学的要读柳永的“今宵酒醒何处？杨柳岸、晓风残月”。但法学各学科与法条的关系亲疏不同，要根据法学各学科特点来对待法条。基础法学与法条不直通：理论法学重在原理，只有立法部分可以研读立法法条；法律史学中只有法制史涉及历史上的法条，但缺少现实应用性，总不可用唐律来办案，因为法律史学重在传承关系。边缘或交叉法学如犯罪学也与法条不直接关联。

而各部门法学则不然。部门法学就是对各部门法条的全面阐释，理论蕴藏于阐释之中。因而，功夫在于对法条的理解和应用。现在司法解释越来越多，尤其是刑法关于盗窃、抢劫、交通肇事的解释，民法中的合同法解释、担保法解释，都非常重要。

那么，中国的各大法律有多少条文呢？请看：

宪法	143 条
立法法	105 条
民法典	1 260 条
刑法	452 条
刑事诉讼法	308 条
民事诉讼法	284 条
行政诉讼法	103 条
证券法	226 条
劳动法	107 条
计	2 988 条

接下来的问题是怎么学习法条。

刚开始学习法学，最好不要一上来就看法条，没有法学知识基础，会看得味同嚼蜡、胸闷气短。建议在学习基础知识时再看，因为许多知识点都是围绕法条来阐述的，可“随知识潜入法条”。

学习法条不但要看字面的含义，还要看到法条背后的法理、意义。对各法条的阐释要害是弄清法条与法理的关系。所谓的法理是指法条之理，它隐藏在法条后面。一方面，法理对法条具有依附性，法理不能完全脱离法条而存在，完全脱离法条而存在之理就不是法理而是哲理；另一方面，法理又具有相对的独立性，法理决定法条，法理高于法条，法理对法条有价值评判的功能。也许佛家禅语可资说明：先是看山是山，看水是水；再是看山不是山，看水不是水；后是看山还是山，看水还是水。

另外，有的人爱惜书，看过后书还是非常洁净，一笔不画；有的人则满书画得五颜六色、花花绿绿。这两种极端的做法均不可取，而是一定要画上重点、关键词。

《民法典》第6条　民事主体从事民事活动，应当遵循公平原则，合理确定各方的权利和义务。

【释义】

意义：公平原则作为民法的基本原则，体现社会公德；作为民事主体的行为准则，可以防止滥用权利，有利于保护各方的合法权益，维护和平衡当事人之间的利益。

要求：民事活动双方当事人之间的权利义务大体上平衡，以合同为例，具体包括以下内容。

第一，在订立合同时，公平确定双方的权利和义务，不得滥用权利，不得欺诈，不得假借订立合同恶意进行磋商；

第二，公平确定风险的合理分配；

第三，公平确定违约责任。

（2）教科书不是法律

初学法者，刚出中学门，易把教科书视为法律，死抱教科书不放。如何看待教科书，以下几点，值得记取。

● **教科书的选择**　由于各大学都是事先指定了教科书，许多教科书是本校教师编写的，学生不能自主选择自己认为满意的教材。尽管如此，实际上，各种不同版本教材的核心内容是一样的，万变不离其宗，不可采取多多益善的态度。学生因初入法学之门，常对不同版本教材中意思一致，但表述、写作风格不同的内容产生误解，从而严重影响了对知识的理解与掌握。对策是采取“一本书主义”，精研一本教科书。

● **以教科书为准还要以讲课为准**　不同于中学教师，大学教师爱抒发己见，“十个律师，十一个主意”。这倒也好，看看他们相互PK，眼界大开，但苦恼也随之而来：到底听谁的？而教师常对以“谁有理听谁的”，但学生苦于辨识能力不够，不知谁有理或更有理。此时教师多会采通说，将学生先引入门，至于他如何深造，留待时日去解决。

● **教科书与法条**　各部门法学教材绝大部分都是法条注释型的，一本上佳的教材实际包含了法条和司法解释的基本内容。不过，二者的表达方式毕竟不同，法条、司法解释是直接、精练地说事，教材是复杂、抽象地说理，异曲同工，相互照看，可加深记忆，准确理解。也要注意，一些教材出版了好多年，没有更新，这就需要结合最新法条，更改教材中不适的论述。

● **知识分类**　学习教材，应当把知识分为基本的几类：精确记忆的；熟知的；一般了解的。有些学生保留高中时的学习方法，动不动就想把书原封不动地背下来。这样不仅太累，而且不必。其实，需要大家一字不差背下来的内容非常少，每科不会超过5%。更多的是要把书里的大意记熟，考试时能够把要点答上来即可。

美国某州法律规定：一个正在饮酒的人是“清醒的”，一直到他或她无法站着为止。

卷十

主课研习

就像语词的含义可分为“核心区域”与“模糊地带”一样，如森林一词指大片树木毫无疑问，但林荫道两旁的树木是否可称为森林却模糊不清。法学作为一门学科，其知识也有“核心区域”。根据教育部高等学校法学类专业教学指导委员会的规定，法学专业核心课程采取“ 10+X”分类设置模式。“10”指法学专业学生必须完成的 10 门专业必修课程，包括：法理学、宪法学、中国法律史、刑法、民法、刑事诉讼法、民事诉讼法、行政法与行政诉讼法、国际法、法律职业伦理。“X”指各高校根据办学特色开设的其他专业必修课程，包括：经济法、知识产权法、商法、国际私法、国际经济法、环境资源法、劳动与社会保障法、证据法、财税法。“X”选择设置门数原则上不少于 5 门。另外，由于学校情况不同以及侧重点不同，各大学还开设若干其他法学必修课程。

不同的课程有不同特点，学习的重点和方法也不同，有的以教材为主，有的以法条为主，大家要分而治之，但总体上，基本方法是一致的。同时，各主课研习均可辅以各种课外活动，如参加法律诊所、到法院旁听、组织模拟审判等，使学生对法学理论有更好的感性认知，为养成良好的法律思维方式提供实践机会。下文仅对各课知识体系、特点、方法略为勾勒，不能替代各人的研习方法，更非“学习宝典”或“法学全攻略”。

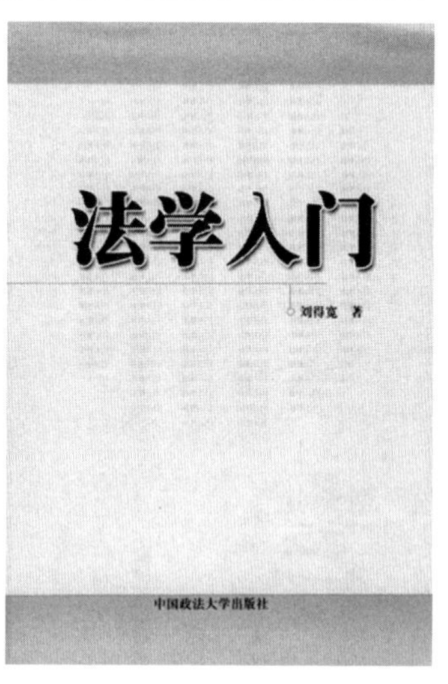

图片来源：http://jsfxw.com/list.asp?id=62007。

通俗读物

（1）孙笑侠编译：《西方法谚精选》，北京，法律出版社，2005。

（2）刘得宽：《法学入门》，北京，中国政法大学出版社，2006。

（3）［奥］鲁道夫·维瑟：《法律也疯狂》，北京，中国政法大学出版社，2011。

（4）［德］托马斯·默勒斯：《法律研习的方法》，北京，北京大学出版社，2019。

1 月映万川——法理学

知识体系

法理学的知识由两部分构成：一是法律是什么的知识，如法的概念、法律规范、法律渊源、法的分类、法律行为、法律关系、法的创制、法的适用、司法制度等，这方面的知识传授也可由“法学概论”或“法学入门”等课程来承担；一是法律为什么是这样的理论，如法的本质，法的历史演变，法治，法与正义、自由、秩序、利益等价值的联系，法律与国家、社会、道德、习惯、宗教的关系等。

特点　研习难点

美国前总统尼克松曾经这样写道：“回顾我自己在法学院（杜克大学）的岁月，从准备参加政治生活的观点来看，我所选修的最有价值的一门课程就是富勒博士讲授的法理学即法哲学……这不是一门要考学位的必修课。但是在我看来，对于任何一个有志于从事公共生活的法律系学生来说，它是一门基础课。因为从事公职的人不仅必须知道法律，他还必须知道它是怎样成为这样的法律，以及为什么是这样的法律缘由。”

法理学与各部门法的关系也可用佛学“月映万川”来形容。佛学禅宗玄觉在《永嘉证道歌》中说：“一月普现一切水，一切水月一月摄。”恰如天上月与水中月，万川中的月亮均是天上的月亮的投射，各部门法的理来自法理学，法理学为各部门法提供基本概念、基本原理。

但遗憾的是，不少学生一步入法学大门，不仅没见到想象中的法庭上唇枪舌剑、慷慨陈词的场景，且第一门课就是高深的法理学。这体现为：其一，概念多且陌生，知识点繁杂；其二，没有直接的法律条文可资援用，理论性较强，学生往往诉诸直观的思维，对“是什么”比较关心，对“结果到底是什么”充满好奇，一心要尽快得到问题的答案；其三，远离法律实务，缺乏现实的感受。

要求和方法

一是大学应将法理学分为“法学导论”和“法学原理”，于一年级讲授法律是什么的知识，于三年级讲授法律为什么是这样，由浅入深、循序渐进。

二是法理学是一门综合性很强的学科，应该同时储备其他一些学科知识，包括哲学、政治学、经济学、社会学、逻辑学等。

三是一年级重记忆、三年级重理解。记忆是学习的基础，一年级理解有困难，先记忆后理解，但仅仅靠记忆解决不了法理学的问题。三年级时有了宪法、刑法、民法知识的基础，这样一可将法理学糅进每一个部门法的学习中，二可结合部门法体味法学原理。

通俗读物

(1) 徐爱国：《名案中的法律智慧》，北京，北京大学出版社，2005。

（2）［英］布赖恩·辛普森：《法学的邀请》，范双飞译，北京，北京大学出版社，2008。

（3）［美］索伦：《法理词汇：法学院学生的工具箱》，王凌皞译，北京，中国政法大学出版社，2010。

（4）郑永流：《法律方法阶梯》，4版，北京，北京大学出版社，2020。

2 在理论与实用之间——宪法学

知识体系

宪法学拥有四大知识板块：宪法是什么，描述宪法的概念和特征、宪法的历史发展、宪法解释和修改、宪法的实施及其保障等；国家基本制度，包括国家政体、国家结构、选举制度、政党制度；公民的基本权利和义务，计有数十种；国家机构，讲述中央国家机关、地方国家机关、审判机关和检察机关以及基层群众性自治组织。

特点　研习难点

宪法学处在理论法学和部门法学之间，“上不着天，下不着地”。与法理学相比，它有宪法典参照，不是纯粹的理论法学；与其他部门法学相比，宪法原理又不那么实用，多要经由其他部门法学才可应用。宪法学历来还被评为“入门容易，深造难”。“入门容易”指学生对宪法学的知识如国家基本制度、公民的基本权利和义务早有粗浅认识，且理论不多。“深造难”是说，要求储备丰富的知识，宪法学既讲政治，也讲经济、社会等，尤其是宪法问题往往涉及社会基本价值观的变化或重新确立。另外，很多学生疑惑，宪法学到底能为我们的生活带来什么，尤其是在中国，又没有典型意义上的宪法案例和宪法诉讼。

要求和方法

宪法学调整范围十分广泛，宪法现象存在形式各异，这就要求学习宪法学要有完整的知识体系，尤要注意培养现实政治感。政治就是妥协、权衡，当发生权利冲突时，需要在不同的价值之间作出选择。

通俗读物

（1）韩大元主编：《中国宪法事例研究》（一），北京，法律出版社，2005。

（2）韩大元主编：《中国宪法事例研究》（二），北京，法律出版社，2008。

（3）周伟：《宪法基本权利：原理・规范・应用》，北京，法律出版社，2005。

（4）林来梵：《宪法学讲义》，北京，清华大学出版社，2018。

3　家大业杂——行政法学

知识体系

行政法学可以分为总论和分论，对应一般行政法和特别行政法。一般行政法分行政许可法、行政处罚法、行政复议法、行政诉讼法和行政（国家）赔偿法等五法。特别行政法也称单行法，国务院有四十多个管理部门可以说就有四十多个特别行政法，如治安管理处罚法、税收征收管理法、义务教育法等，其主体是公安机关、税务机关、教育行政主管部门等。

特点　研习难点

《红楼梦》中王熙凤执掌荣国府，叹“大有大的难处”。行政法学家族庞大、事务琐碎，我们今天的生活，有一半左右的行为是由行政法来规范的。学生普遍反映，行政法是最难的学习科目之一，因为行政机关的体系和行政行为的运作模式十分混乱和庞杂，不易把握，且对行政活动没有“实践感”。另外，行政法上连法理学、宪法，旁接劳动法、经济法。

要求和方法

纲举目张，从三个核心概念，即“行政主体”、“行政行为”和“国家侵权行为”入手，它们是行政法的命门，许多知识点是它们在广度和深度上的不断展开。

行政法与法理学、宪法的关系非常密切，必须熟悉行政法法条背后所隐含的理论，如行政的合法性与合理性原则；注意行政法知识点与其他部门法知识点的结合，如产品质量法、税收征收管理法、环境保护法、土地管理法、城市房地产管理法等。

通俗读物

（1）管家琪：《公仆难为——行政法入门》（文字版），台北，幼狮文化事业公司，2000。

（2）叶必丰：《行政法的人文精神》，北京，北京大学出版社，2005。

4　穿越时光——中国法律史

知识体系

中国法律史课程体系以中国历史断代为经，以主要部门法为纬，按照中国历史的发展顺序，从先秦到民国依次展开。每一朝代法制的结构大致包括立法概况、法律形式、部门法、司法制度等几个方面，部门法则分为刑法、民法、行政法、经济法。

特点　研习难点

中国法律史既是法学的一个分支，又是历史学的一门专史，属交叉学科；时间从约公元前21世纪到公元1949年，上下几千年，跨度大，范围广；史料多为古籍，法律名词很多，且比较生僻；法制陈陈相因，使某些内容较为相似，极易混淆，导致记忆错误，如汉代的法律形式是律、令、科、比，唐代的法律形式是律、令、格、式；同时离我们今天的现实生活太遥远，并非一看就懂。

图片来源：http://www.96128.com/goods-34327.html

要求和方法

中国法律史的知识点虽很繁杂，但系统性很强，经纬两线相交，先将几千年分成几个阶段，再弄清每个具体阶段包括哪朝哪代，并找出其法律制度的特点，然后按部门法专题如民事立法、刑事立法、诉讼立法、行政立法和司法制度等理出发展线索。通过前后对比，便知道前朝与后朝的法制发生哪些变化，即便同一王朝前后不同时期也有变化。以立法思想为例，西周主张“明德慎罚”，战国、秦都以法家思想为指导，汉初是“约法省禁”为指导，汉武帝以后则是“德刑并用”。最好自己列一张表，形成一个相关知识点的框架图。

通俗读物

（1）郭建：《师爷当家》，北京，中国言实出版社，2004。

本书通过一百多则故事，描摹出师爷的众生相：左宗棠是蹩脚师爷，邬思道是王牌师爷，汪辉祖是慈悲师爷，张之洞则是师爷终结者……也揭开了一层层神秘、灰色的官场内幕，“师爷”作风，权力黑洞，陋规游戏……

（2）余定宇：《寻找法律的印迹》，2版，2·中国卷：从独角神兽到“六法全书”，北京，北京大学出版社，2018。

5　精深繁复——民法学

知识体系

民法学体系围绕主体、客体、权利、行为、责任这五个关键词展开，分总论和分论。总论除讲民法概念、民法基本原则、民事法律关系之外，主要以主体和行为展开，主体如自然人、法人、非法人组织，行为有民事法律行为、代理、诉讼时效。分论主要围绕权利和责任展开，权利有人身权、物权、债权、知识产权、继承权，人身、物、行为、智力成果等客体分担相应的权利；责任指侵权责任、违约责任、其他责任。

特点　研习难点

民法学源远流长、体系完整、逻辑性强、原理复杂、内容细微，比如善意取得、原始取得、缔约过失、预期违约、无过错原则、效力待定合同、定金原则、无因管理等生活中不常见的概念与制度，仅仅看书很难理解。从某种意义上讲，民法学学习的成功与否决定着整个法学学习的成败。此即所谓“得民法者得天下”。这是因为，一方面，法理学中的法律行为、法律关系理论以民法学为原型；另一方面，民法又是商法、民事诉讼法、国际私法所不可缺少的基础知识。

要求和方法

一部民法都是在讲民事法律关系，总则规定的是概括的、抽象的民事法律关系，分则是其具体的展开。民事法律关系类似于刑法学中的犯罪构成，这是理解民法的基本方法。民法学是一套概念、原则、制度和理论的体系，掌握了这套概念，就掌握了民法的思维框架。对于具有严密逻辑关系的民法概念，要分解为若干要素予以掌握，熟悉其定义、特征、立法目的、典型案例、法律条文，比较相近概念之异同，尤要联系实际生活、结合案例来理解。

通俗读物

(1) [德] 梅迪库斯：《德国民法总论》，邵建东译，北京，法律出版社，2001。

(2) [日] 星野英一：《民法的另一种学习方法》，冷罗生、陶芸、黄育红译，北京，法律出版社，2008。

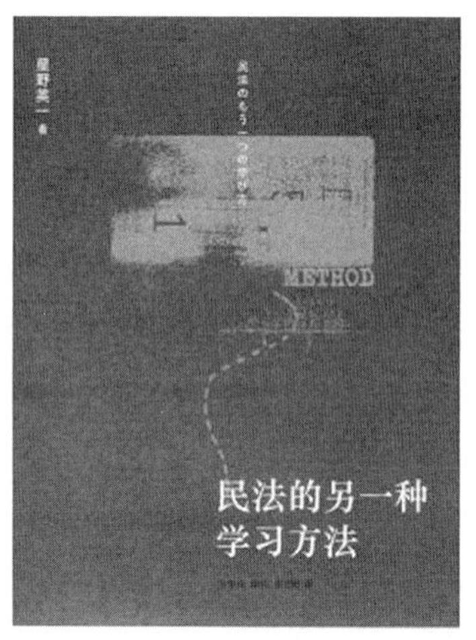

图片来源：http://www. fsou. com/lawbook/bookdetail. asp?prodid=bkbk858904

目录节选

(3) 梁慧星:《裁判的方法》,3版,北京,法律出版社,2017。

(4) 李建伟:《民法》,北京,北京大学出版社,2016。

(5) [德] 冯·耶林:《生活中的法学》,北京,中国法制出版社,2019。

6 术有专攻——商法学

知识体系

商法是调整商事贸易关系的法律部门,是商品经济发展到较为发达程度时期的产物。商法课程以企业法为重心,以公司法为核心,另加破产法、票据法、证券法、保险法。

特点 研习难点

商法有较强的专业性、技术性,如证券法中股票的发行与交易规则等,票据法中追索权的行使、票据的抗辩等,保险法中理赔与精算、代位求偿权的行使规则等,破产法中破产债权的确定、别除权、取回权等,生活中很少接触,非常陌生,难以依据一般生活经验进行推导。此外,商法的内容"多,散,杂",如中国商法覆盖至少11部法律、一千多个法条。

要求和方法

历史上先有民法后有商法,商法脱胎于民法,所以,学习商法要有比较好的民法基础。例如,民法中的法律行为、代理制度、法人制度、诉讼时效、合同制度等,均直接或间接地存在于商法中,构成商法的逻辑与概念基础。民法和商法被称为一般法和特别法的关系,有价证券法是民法债权转让制度的特别规定,公司法是法人制度的特别规定。

通俗读物

(1) 潘秀菊等:《商事法入门》,台北,元照出版公司,2004。

(2) 王保树主编:《商法》,2版,北京,高等教育出版社,2014。

7 智慧也有价——知识产权法学

知识体系

在知识经济时代，商标、专利、发明、商业秘密、不断更新的计算机程序等无形资产起着关键作用。“可口可乐”公司的老板曾说，一旦本公司在全球的厂房、货物全部失于火灾，自己第二天就能用“可口可乐”这一商标作质押，贷出资金来恢复生产，因为每年《金融世界》杂志都把“可口可乐”的商标价值评估到几百亿美元。

传统意义上的知识产权包括著作权、专利权、商标权三个主要部分，现拓展至商号权、商业秘密、产地标记权、集成电路布图设计权等各种权利。

特点 研习难点

知识产权的特点是无形性和传播性，不能像有形财产权那样通过对一个有形客体的支配来实现权利。知识产权法就是用法律强行对无形无界的知识，划定明确的界限。法律的介入派生出知识产权的法定性、时间性、地域性。在知识产权中，著作权有着极为复杂的法律关系，而专利权、集成电路布图设计权涉及更多技术问题。我国参加了一些知识产权的国际公约，因而，知识产权法既涉及国际公约的规定，又涉及国内法的规定，还包括实施条例和司法解释。

要求和方法

著作权法、专利法、商标法均主要由五个制度组成：主体制度、客体制度、权利内容制度、管理制度和法律保护制度。学习时可以采用横向比较的方法，区分部门法对相关问题的相同和不同规定，重点掌握不同点，因为法律对相关问题的不同规定往往也是学习重点。

要了解我国参加的知识产权的国际公约，重点掌握各公约的保护对象，如《伯尔尼公约》是保护文学艺术作品的。学生还需要掌握《与贸易有关的知识产权协议》的规定，特别是一些特有的规定，如地理标志、集成电路布图设计、未公开的信息等。

通俗读物

（1）黄武双主编：《知识产权法：案例与图表》，北京，法律出版社，2010。

（2）崔国斌：《著作权法：原理与案例》，北京，北京大学出版社，2014。

8　交叉跨界——经济法学

知识体系

经济法学是一门法学与经济学交叉、以法学为主的学科，由总论、分论组成基本框架。总论讲述经济法学的研究对象、学科地位、特点、产生与发展、概念与调整对象等；分论讲述宏观调控制度和市场规制制度，前者有财政法、税法、价格法、会计法、审计法、证券法、票据法、破产法、金融法、保险法等，后者有反垄断法、反不正当竞争法、消费者权益保障法、产品质量法、公司法、外商投资企业法、合伙企业法、个人投资法等。

特点　研习难点

经济法是国家干预经济活动的体现，不讲究规定抽象的法律关系，而是直接将经济体制和经济政策置换为法的规范，国家之“公”与经济生活之“私”交融。而国家干预经济活动的手段多样，又致使经济法内容臃肿、体系庞杂，重点并不十分突出，且囊括法律之多、知识点之琐碎为所有部门法之最，如中国经济法覆盖至少 15 部法律、一千多个法条。另外，经济法在理论上定论较少，与行政法、民法纠葛不清。

要求和方法

储备一定经济学知识，如会计学、管理学、金融学、财政政策、货币政策、产业政策、外贸政策、竞争政策、消费者政策，同时关联行政法、民法、商法、社会法，综合理解经济法干预经济活动的功能。

通俗读物

(1)［德］柯武刚、史漫飞：《制度经济学》，韩朝华译，北京，商务印书馆，2000。

(2) 李昌麒：《经济法——寻求经济法真谛之路》，北京，法律出版社，2009。

(3) 熊秉元：《正义的成本：当法律遇上经济学》，北京，东方出版社，2014。

9 解释见功力——刑法学

知识体系

刑法理论分为总论和分论两大部分：总论主要讲述刑法的基本原则、刑法立法及解释、犯罪概念与犯罪构成、刑事责任、刑罚的体系和种类、刑罚裁量、刑罚执行制度等。分论主要介绍刑法分则体系的基本原理以及罪状、罪名和法定刑等基本概念，并按照刑法分则体系分别论述各具体罪名的构成、认定和刑事责任。总论偏原理，分论偏实践。

特点　研习难点

由于采取了严格的罪刑法定原则，刑法在部门法中体系最统一、结构最严密、法条最清晰。但刑法罪名多，中国刑法罪名达468个，容易混淆的问题不少，总论如罪与非罪的界限，间接故意与过失的界限，预备与未遂的界限，未遂与中止、既遂的界限，共犯与单独犯的界限，一罪与数罪的界限，自首与坦白的界限等；分论中则主要是各犯罪之间的界限，如挪用公款罪与挪用资金罪、过失致人死亡罪与故意伤害（致死）罪、聚众斗殴罪与寻衅滋事罪等。中国刑法中还有众多针对法条适用中疑难而常见的、普遍性的问题所作的司法解释。

要求和方法

把握好罪—责—刑关系这条主线，就能真正理解刑法。其中又要对犯罪构成理论烂熟于心，贯彻于刑法学习的始终。这就可以确定犯罪的基本规格，界定各种不同的犯罪，对个案定性、定罪，最后施以刑罚。

在全面了解刑法分则所有罪名基础上，重点掌握常见、多发犯罪的犯罪构成及刑事责任，如侵犯公民人身权利、民主权利罪，侵犯财产罪，贪污贿赂罪。方法为，一看罪与非罪的界限，二看此罪与彼罪的界限，三看一罪与数罪，四看量刑情节。

通俗读物

（1）［英］凯伦·法林顿：《刑罚的历史》，陈丽红、李臻译，太原，希望出版社，2004。

（2）［德］费迪南德·冯·席拉赫：《罪行》，海口，南海出版公司，2012。

（3）张明楷：《刑法格言的展开》，3版，北京，北京大学出版社，2013。

图片来源：http://item. eachnet. com/prd/1206341706646128_ prd. html

格言选录：

没有法律就没有犯罪，没有法律就没有刑罚。

任何权力都不得位于法律之上。

罪责越重，刑罚越重。

法律不理会琐细之事。

原因的原因是结果的原因。

紧急时无法律。

不知法律不免责。

10　步步为营——诉讼法学

这里将刑事诉讼法、民事诉讼法、行政诉讼法三课一体介绍。

知识体系

诉讼法属程序法，刑事、民事、行政三大诉讼法都规定了一套运作的程序，如，民事诉讼和行政诉讼都是从起诉、一审、二审、再审到执行，刑事诉讼是从侦查、审查起诉、提起公诉（或自诉）、一审、二审、再审、死刑复核到执行程序。各诉讼法课均以程序为主要内容，外加诉讼法的原则、功能、目的等一般理论。

特点　研习难点

总的说来，相对于实体法而言，诉讼法比较易学，因为诉讼法基本上是按照诉讼的进程来安排的，强调步骤，法律关系并不复杂，理论性也不那么强。但诉讼法各种规定非常繁杂，知识点呈现多、杂、散的特点；三大诉讼法之间具有细微的差异，比如，证据的理论分类，强制措施的种类、适用对象、适用阶段，极易混淆；而且三大诉讼法的司法解释繁多，有时司法解释比所解释的法条都多，给学习增加了一定的难度。

要求和方法

诉讼法大都是一些死的步骤，有大量的期限、年龄、人数等数字性规定，学习形式主要是记忆，可列出一个表或通过做练习来记忆。另要注意各诉讼法之间的横向联系和比较。具体而言，刑事诉讼要借鉴民事诉讼的内容，比如附带民事诉讼问题、自诉与反诉问题等。

通俗读物

(1)［美］唐·布莱克：《社会学视野中的司法》，郭星华译，北京，法律出版社，1997。

(2) 龙宗智：《上帝怎样审判》（增补本），北京，法律出版社，2006。

(3) 徐昕主编：《正义的想象：文学中的司法》，北京，中国法制出版社，2009。

图片来源：http://item. eachnet. com/prd/1206341706646128_ prd. html

11　高处不胜寒——国际法学

从学科角度讲，人们将国际法作为国际公法、国际私法和国际经济法三法的统称，构成作为一级学科的法学下属的二级学科。

国际公法、国际私法和国际经济法均为独立的三级学科，学生爱称之为“三国”。但国际公法通常也称为国际法。因国际性，这里将国际公法、国际私法和国际经济法三课合并介绍。

知识体系

（1）国际公法

国际公法主要论述主权国家形成的各种制度，涉及国际法的性质、渊源、主体、基本原则，国际法与国内法的关系，国家、国家责任等一般理论，领土（海洋法、空间法）、居民（国际人权法）、交往（外交和领事关系法、条约法、国际组织法、和平解决国际争端和战争法）等问题。

（2）国际私法

人类民商事交往应遵守什么规则是国际私法应回答的问题。从体系上说，国际私法分为三大部分：总论、分论和程序制度。总论部分主要讲述冲突如何解决（冲突规范、准据法、识别、反致、外国法查明、公共秩序保留、法律规避）等问题，分论则是关于各种具体的继承、家庭关系应适用何国法律的规定，程序部分则主要是国际商事仲裁和国际民事诉讼制度。

（3）国际经济法

它将调整对象聚焦到人类经济交往方面，包括国际贸易（货物贸易、技术贸易、服务贸易）、国际投资、国际金融、国际税收等法律制度。

特点　研习难点

作为部门法，很多学生都觉得国际法要比国内法难学得多，因为这里既有远离尘嚣的国际公法，又有晦涩难懂的国际私法，还有体系庞杂的国际经济法。不像国内法，国际法的很多规则是抽象与模糊的，没有一个权威机关对规则进行解释；大多数国际法规则的效力等级并不明显；甚至关于国际公法是不是法、国际私法是国内法还是国际法，世界贸易组织（WTO）是西方强加给发展中国家的还是发展中国家走向富强的途径，仍在争论不休。有时还会觉得，国际法充满了不确定性，没有黑与白，更多的是灰色，公理常不敌强权。

要求和方法

（1）国际条约林林总总，数以千计，且国际条约直接译自外文，艰涩难懂，直接学习法条存在不少困难。而按照课堂笔记所讲述的知识点去学习，事半功倍。注重基本概念与知识，可在概念比较中予以掌握，例如，国际法与国内法的比较与关系，外交豁免与领事豁免的区别，海洋法中领海、毗连区、专属经济区、大陆架法律制度的区别等。

（2）国际私法是各法律学科的边缘学科，学习国际私法必须具备民法、合同法、经济法、民事诉讼法、国际公法等基础和比较法的理论思维。对生僻的概念如冲突规范的系属公式、准据法、识别、反致、公共秩序保留等，以理解为主。涉外民事关系的法律适用这部分应该结合法条进行学习，以中国的为主。

（3）国际经济条约众多，不一定要看条文，而要以研读教科书为主。突出重点，在国际贸易中的买卖、运输、保险及支付，中国的对外贸易管理制度，WTO 的法律制度上下功夫。与国内法律比较：国际贸易 v. 合同法、海商法、保险法，国际知识产权 v. 著作权法、商标法、专利法，国际金融 v. 银行法、证券法、公司法、保险法，国际税收 v. 财税法，对外贸易管制 v. 海关法、财税法——关税部分。

通俗读物

（1）肖永平：《国际私法：论点·法规·案例》，北京，法律出版社，2004。

（2）何志鹏 主编：《国际法入门笔记》，北京，法律出版社，2017 。

所罗门审判

印度皇家法院　［印］Bisham Singh，Lahore

神明审判（水刑）

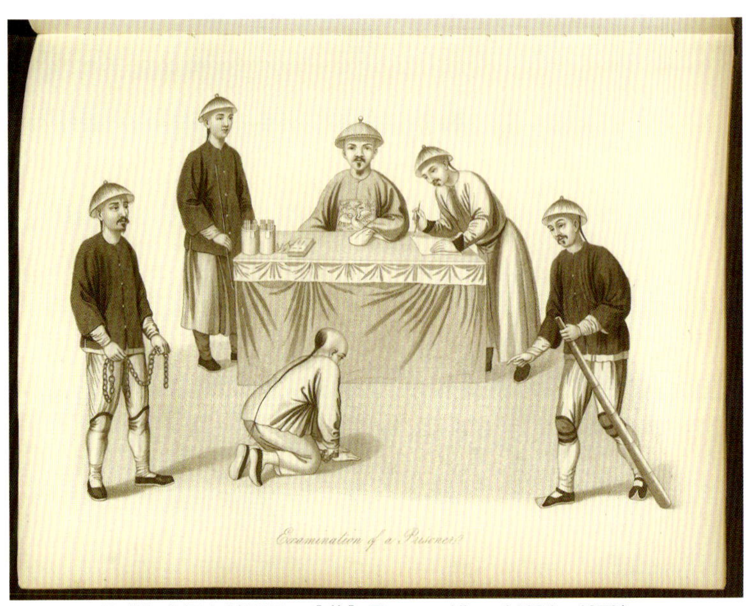

19 世纪中国审判罪犯　［英］Thomas Allom（1804—1872）

卷十一

互联时代的信息获取

研习法律离不开利用文献信息。文献，传统上被定义为各种有历史价值和参考价值的图书资料，今天则指记录有知识价值的一切载体，目前包括纸质、电子、电磁、图像、影像、声频、胶片等。但从20世纪末开始，随着计算机和网络技术的进步，世界进入了“信息爆炸”的时代。所谓“爆炸”是指：数量巨大，传播奇快。

图片来源：http://wwwoo. net/html/windows7xin wen/2009/0618/318. html

在爆炸声中，如何不被炸晕并且高效率地利用文献，便是一门不小的学问。这里不便介绍利用文献的全部学问，仅谈谈研习法律需要了解哪些基本文献信息，更要紧的是从哪里获取它们。

信息类型与检索路径

基本信息类型	载体或检索路径
法规类文献：法律、行政法规、地方性法规、规章、司法解释、判例、案例、国际公约 法学研究综述 法学工具书 综合法学期刊、中国人民大学复印报刊资料、报纸、出版社 法律类网站 图书资源检索系统 法学数据库 大学生常用书	公报 汇编 期刊 报纸 网络 图书馆 数据库

1 法规类文献

研习法律的人当然首先要知道“找法”，法规类文献包括法律、行政法规、地方性法规、规章等。

1—1 法律

《全国人民代表大会常务委员会公报》

根据《立法法》第58条第3款，在全国人大常委会公报上刊登的法律文本为标准文本。这意指全国人大常委会公报是法律公布的法定刊物。该公报于1957年创刊，主要刊登全国人民代表大会及其常务委员会通过的法律及法律性文件，选举和决定的国家机构组成人员名单，审查和批准的计划与预决算报告，批准的国际条约，决定的国家重大事项，听取和审议的工作报告、检查法律实施

图片来源：http://www.law-lib.com

情况的报告等。

例：全国人民代表大会常务委员会办公厅：《全国人民代表大会常务委员会公报》（合订本），北京，中国法制出版社，2004。

公报电子版：http://www.npc.gov.cn/zgrdw/rdgb_qg/rdgb.jsp。

《中华人民共和国法律汇编》

由全国人大常委会法制工作委员会编，2000年前的法律被汇编成5辑，之后每年1辑，由人民出版社出版。

1—2 行政法规

《中华人民共和国国务院公报》

根据《立法法》第71条第2款，在国务院公报上刊登的行政法规文本为标准文本。

《中华人民共和国国务院公报》于1955年创办，是由国务院办公厅编辑的政府出版物，刊载全国人大及其常委会通过的法律和有关法律问题的决定，中华人民共和国主席令和任免人员名单，我国同外国缔结的条约、协定及我国政府发表的声明、公报等重要外交文件，国务院发布的行政法规和决议、决定、命令等文件，国务院批准的有关机构调整、行政区划变动和人事任免的决定，国务院各部门发布的重要行政规章和文件，国务院领导同志批准登载的其他重要文件。

《中华人民共和国国务院公报》为定期旬刊，每月逢10出版。

《中华人民共和国法规汇编》

收录的内容包括全国人大及其常委会通过的法律和有关法律问题的决定、国务院公布的行政法规和法规性文件，并选收了国务院部门公布的规章。1979年前的查阅《中央人民政府法令汇编》（1949—1954）、《中华人民共和国法规汇编》（1954—1963）；1979年起由国务院法制办编辑，每年1册。

1—3 地方性法规

公报

根据《立法法》第79条第2款，在省、自治区、直辖市人大常委会公报，如《湖北省人民代表大会常务委员会公报》上刊登的地方性法规为标准文本。

汇编

由具有地方性法规制定权的地方各级人大常委会指定的机构编辑，如陕西省人民代表大会常务委员会法制工作委员会编：《陕西省地方性法规汇编》（1987—2005），陕西人民出版社2006年出版。

1—4 规章

依据国务院《规章制定程序条例》，在国务院公报或者部门公报和地方人民政府公报上刊登的规章文本为标准文本。

部门规章

刊登在部门公报、国务院公报、全国范围内发行的有关报纸上。

部门规章汇编由国务院各部门依照该部门职责范围编辑，如国家质量监督检验检疫总局法规司编：《中华人民共和国质量监督检验检疫规章汇编》（2001—2009），中国标准出版社2012年出版。

地方政府规章

刊登在本级政府公报、本行政区域范围内发行的报纸上。

1—5 司法解释

公报

《中华人民共和国最高人民法院公报》：是最高人民法院公开介绍我国审判工作和司法制度的重要官方文献，由最高人民法院办公厅主办，主要内容包括法律选登、司法解释、司法文件、裁判文书、案例、任免事项和文献等，由人民法院出版社出版。

图片来源：http://www.niuguo.net

《中华人民共和国最高人民检察院公报》：主要刊登国家颁布的有关法律、决定和立法解释，最高人民检察院有关具体应用法律问题的批复、解答等司法解释文件，最高人民检察院制定并需公开公布的通知、决定等重要文件，检察机关查办的有影响的重大典型案件等；由最高人民检察院办公厅主办，中国检察出版社出版。

业务文件选

《司法文件选》，月刊，最高人民法院研究室编。

《法律应用与检察业务研究》，最高人民检察院法律政策研究室编。

综合性及专门性汇编

《中华人民共和国最高人民法院司法解释全集》（共3卷），最高人民法院研究室编，人民法院出版社2000年出版。

《中华人民共和国最高人民检察院司法解释全集》，最高人民检察院研究室编，法律出版社2005年出版。

1—6　判例、案例

《中华人民共和国最高人民法院公报》

每期都载有由最高人民法院批准或者经最高人民法院审判委员会讨论通过的案例，供各级法院在审判工作中参考。

连续性多卷案例丛书

《中国司法评论》，万鄂湘主编，人民法院出版社出版。“典型案例”栏目刊载法学专家与著名法官对案例的点评和学理分析。

《判解研究》，王利明主编，人民法院出版社出版。侧重于对判例实践的评析与对现行司法解释实际应用的研究。

《人民法院案例选》，最高人民法院中国应用法研究所编，人民法院出版社出版。案例均选自全国各级法院、专门法院上报审结的各类案件中的要案、大案、疑难案件，以及反映新情况、新问题、具有代表性的典型案件。

《典型疑难案例评析》，最高人民检察院法律政策研究室编，中国检察出版社出版，半年一期。案例选自公安、司法机关，特别是最高司法机关所办理的典型案件。

1—7 国际公约

综合性文献

我国缔结或参加的双边和多边条约均可从以下两种文献中查找：

《中华人民共和国条约集》，外交部编，法律出版社、人民出版社、世界知识出版社 1957 年起陆续出版。

《中华人民共和国多边条约集》，外交部条约法律司编，法律出版社 1987 年起出版。

旧条约可查找：

《国际条约集》（1648—1957），世界知识出版社出版。

《中外旧约章汇编》，全 3 册（1689—1949），王铁崖编，三联书店出版。

专门性文献

一些出版社出版了不同形式的选编，如《国际法资料选编》《国际私法资料选编》《国际经济法资料选编》《国际民事商事公约与惯例》《国际公约与惯例》《国际司法协助条约集》《中华人民共和国领事条约集》《国际环境与资源保护条约汇编》《加入世界贸易组织法规文件汇编》《海洋法相关公约及中英文索引》《国际海事条约汇编》。

2 法学研究综述

研究综述是对某个时间段内的某一学科研究状况的总结。

（1）综合性法学研究综述，如《二十世纪的中国法学》，李贵连主编，北京大学出版社 1998 年出版；《二十世纪中国社会科学·法学学卷》，沈国明、王立民主编，上海市社会科学界联合会编，上海人民出版社 2005 年出版。

（2）学科研究综述，如《中国法制史研究综述》，张晋藩主编，中国人民公安大学出版社 1990 年出版。

（3）年度研究综述，常见于期刊，如《法学研究》《中国法学》《法学家》关于各学科的年度研究综述。

3 法学工具书

3—1 词典

综合型词典

《法学大辞典》，曾庆敏主编，上海辞书出版社 1998 年出版。共收词目 10 837 条，包括法理学、宪法、行政法、刑法、民商法、婚姻法、经济法、劳动法、诉讼法、国际公法、国际私法、国际经济法、海商法、犯罪侦查学、侦查语言学、法医学、司法精神病学、中国法律史、罗马法等。

《中华法学大辞典》（简明本），中国检察出版社 2003 年出版。是供法律专业人员使用的中文法学学术性辞典，以常见、多用为选择原则，以简明、准确为释义的宗旨，共收录词条 6 586 条。

语言型词典

《英汉法律用语大辞典》，法律出版社 2005 年出版。共收录法律及相关领域的用语十万余条，为目前国内规模最大、内容最完整的英汉法律用语辞典。

3—2 百科全书

《牛津法律大辞典》，法律出版社 2003 年出版。*The Oxford Companion To Law* 一书的全译本，是世界公认的权威百科全书。收录内容囊括法学理论、法律哲学、法律制度、法律史、法律思想、刑事法、民商法、国际法、法学流派和法学家，并涉及与法律有关的政治学、社会学和经济学等内容。

图片来源：http://www. bookuu. com

《中国大百科全书·法学》，《中国大百科全书·法学》编辑委员会编，中国大百科全书出版社 2010 年出版。全卷分法学理论、法制史、法律思想史、民法、刑法等部门实体法及诉讼法、国际法等 21 个分支学科，共计一千多个条目、290 万字，是我国目前最完全、最详尽的一部法学巨著。

3—3 年鉴

《中国法律年鉴》，1986 年起出版，反映我国每年的法律工作情况，包括国家立法、司法、仲裁工作情况，司法解释选载、对外缔结条约和履约概况、国务院各部委直属机构法制建设、地方法制建设、法学各学科发展概况、法制建设大事记等。

3—4 法学图书目录

《民国时期总书目：1911—1949·法律》，北京图书馆，书目文献出版社 1990 年出版。

《中国法律图书总目》，中国政法大学图书馆，中国政法大学出版社 1991 年出版。

《中文法学与法律图书目录》，西南政法学院图书馆，1984 年。

4 综合法学期刊、中国人民大学复印报刊资料、报纸、出版社

4—1 综合法学期刊

《中国法学》，中国法学会主办，双月刊

《法学研究》，中国社会科学院法学研究所主办，双月刊

《环球法律评论》，中国社会科学院法学研究所主办，双月刊

《中外法学》，北京大学法学院主办，双月刊

《法律科学》，西北政法大学主办，双月刊

《法商研究》，中南财经政法大学主办，双月刊

《政法论坛》，中国政法大学主办，双月刊

《比较法研究》，中国政法大学主办，双月刊

《法学评论》，武汉大学法学院主办，双月刊

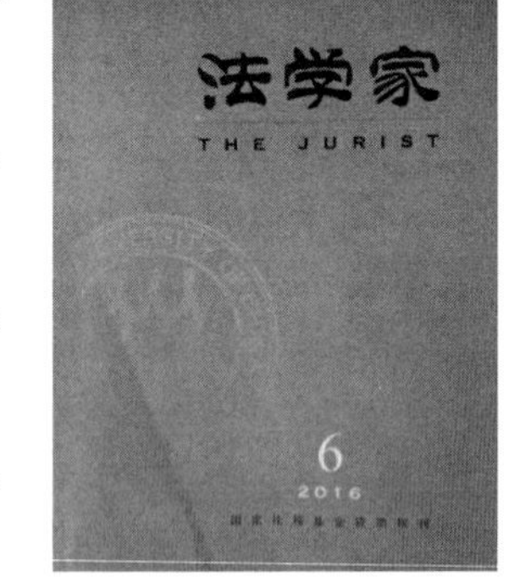

图片来源：http://fzyshfz.paperonce.org/

《法学家》，中国人民大学法学院主

办，双月刊

《法学》，华东政法大学主办，月刊

《政治与法律》，上海社会科学院法学研究所主办，双月刊

《清华法学》，清华大学法学院主办，双月刊

《现代法学》，西南政法大学主办，双月刊

《法制与社会发展》，吉林大学法学院主办，双月刊

《东方法学》，上海法学会主办，双月刊

4—2　中国人民大学复印报刊资料

中国人民大学复印报刊资料收录了历年来由专家学者精选、分类加工整理的学术文献，汇集成以专业性、学术性为代表的百余种系列刊物。法律类有《法理学、法史学》《宪法学、行政法学》《经济法学、劳动法学》《民商法学》《刑事法学》《诉讼法学、司法制度》《国际法学》，每期附学术内容索引。另出版《法学文摘卡》(季刊)。

4—3　报纸

中央政法委员会机关日报《法治日报》

最高人民法院机关日报《人民法院报》

最高人民检察院机关日报《检察日报》

4—4　法律专业、半专业出版社

- 法律出版社
- 人民法院出版社
- 中国政法大学出版社
- 中国法制出版社
- 中国人民公安大学出版社
- 中国检察出版社
- 中国民主法制出版社
- 中国人民大学出版社
- 北京大学出版社
- 武汉大学出版社

- 西苑出版社
- 中国工商出版社
- 中国方正出版社

5　法律类网站

5—1　官方和行业网站

全国人大“中国人大网”，http://www. npc. gov. cn

国务院法制办“中国政府法制信息网”，http://www. chinalaw. gov. cn

最高人民法院网站，http://www. court. gov. cn

中国法院网，http://www. chinacourt. org

最高人民检察院网站，http://www. spp. gov. cn

图片来源：http://baike. baidu. com/view/1398117. htm?fr=ala0_1_1

正义网，http://www. jcrb. com，检察日报社主办

中国普法网，http://www. legalinfo. gov. cn，司法部主办

中国裁判文书网，https://wenshu. court. gov. cn/，最高人民法院主办

5—2　学术和教育网站

法律教育网，http://www. chinalawedu. com

北大法律信息网，http://www. chinalawinfo. com，北大英华科技公司和北大法制信息中心共同创办

中国民商法律网，http://www. civillaw. com. cn，中国人民大学民商事法律科学研究中心创办

法律圖書館

www.law-lib.com

图片来源：http://ok018. com/web. do? method = showMedia&mediaid=13653

中国法学创新网，http://fxcxw. org. cn/，中国法学会《民主与法制》社主办

6 图书资源检索系统

6—1 Google 图书检索

中文图书检索

英文图书检索

http://books.google.com

http://www.amazon.com/

6—2 综合类数据库

CNKI 中国知网

超星电子书

读秀中文学术搜索

中国人民大学复印报刊资料

万方数据

维普期刊

新东方多媒体学习库

7 法学数据库

7—1 专业数据库

《国际法律百科全书》

《牛津国际法报告数据库》（ORIL）

《马克思普朗克国际公法百科全书在线版》（MPEPIL）

月旦知识库

北大法宝

法意

7—2 法学学位论文数据库

国家图书馆《博士论文资源》数据库

中国社会科学院文献中心《学位论文》数据库

《中国学位论文文摘》数据库

《CALIS 高校学位论文》数据库

《中国优秀博硕士学位论文全文》数据库

7—3 外文数据库

Westlaw Next（原为 Westlaw International）

Westlaw China

LexisNexis

Heinonline

Juris

Beck-online

Word Trade Law

7—4 常用微信公众号

法学学术前沿、国际法促进中心、明德商法、罗翔说刑法、高杉 LEGAL、华政中外法律文献中心、iCourt 法秀、天同诉讼圈、君合法律评论等公众号

8 大学生常用书

8—1 法律汇编

《2020 学生常用法律手册》（全科通用版），法律出版社法规中心，法律出版社 2020 年出版。本书按照教育部《全国高等学校法学专业核心课程教学基本要求》确立的核心课程体系和司法考试大纲，结合当前主流法学系列教材，根据法律本科教育的教学进度分为宪法、民法、民事诉讼法、刑法、刑事诉讼法、行政法与行政诉讼法、经济法、商法、知识产权法、国际法，共 10 编，收录法律、行政法规、司法解释、国际条约和惯例等各种法律文件共计一百三十余件，囊括了法律本科教育的所有重要法规。

8—2 法律辞典

《法律辞典》，浦法仁，上海辞书出版社 2009 年出版。该书共有词目 2 378 条，收录一般法律名词及宪法、行政法、民商法、经济

法、婚姻法、继承法、社会法、刑法、诉讼法、司法组织法、证据法等法律名词术语。本辞典按分类编排，正文前有分类词目表，书末附词目笔画索引。

两市民自愿互掷飞刀，结果一人中刀重伤。法院判掷刀者伤害罪。

又有马戏团两艺人互掷飞刀，结果一人中刀重伤。法院判掷刀者无罪。

你同意否？为什么？

卷十二

论文不是讲故事

法学，习惯上被归为文科，学文科的当然要会舞文弄墨，但在法学院怎样下笔呢？古人以为写作有三要素：义理+考据+文章（修辞）。今人最常见的手法是叙事。国外关于如何叙事的经典说法是五个"W"：who，when，where，what，why。如"在世界的末日，地球上最后一个人忽然听到了敲门声"，这句话叙事颇佳，五个"W"全有了。但法科学生的写作，会讲故事是远远不够的，义理+考据+文章也未尽然。因专业学习的要求，法科学生要写的文章体裁主要有：学术论文（包括学年论文和毕业论文）、调查报告、读书报告、案例分析。这些东西讲求中学生以往不曾见或少见的形式和内容。尽管教人写作实无大趣，但学生要写，遂不得不费些笔墨，在下面分而述之。

1　学术论文

1—1　什么是学术论文

质言之，学术论文的名字叫独创。何谓独创？对独创的标准以例子大体说明如下：

标准1：开辟了本学科中的一个新领域

例子：中国曾是一个单位社会，一个人从摇篮到坟墓均由工作单位安排好，而单位的规则是一个过去的法学研究几乎无人问津的主题。

标准2：提出了新观点、新解释、新结论

例子：什么是法律是一个法律观的核心问题，以往人们只关注“纸上的法律”（law in paper），20世纪美国法学家庞德则认为，法律在生活中的实行状况比法律本身更值研究，提出了“行动中的法律”（law in action）这样一个对法律的新解释。

标准3：提出了新方法

例子：经典的司法方法是依三段论作出判决，而不问是否符合当事人和社会利益，利益衡量学说则弥补了这一不足。

标准4：运用同行未使用的方法回答本学科中的老问题

例子：关于法律的功能，通行的回答是指引人的行为等等，20世纪德国法学家卢曼引入系统方法，揭示法律的功能在于减少社会的复杂性。

标准5：新的交叉学科研究

例子：法律信息学、法经济学是法学与信息学、经济学交叉的产物，正方兴未艾。

标准6：作出了前所未有的高水平综合或描述

例子：假如有人在对近代中国思想家的人权观研究基础上，全面总结中国近代人权观的演变，也具有独创性。

标准7：……

当然有创意也会犯错误，如牟其中说，把喜马拉雅山炸开一条宽50公里的口子，引入印度洋的暖湿气流，可以解决中国西北干旱问题。这就有点雷人了。但无创意本身就是一个错误，无创意本身就不是论文。那么，创意又从何而来？它不是凭灵感、天赋、才气，而是来自日积月累，来自平日所思、讨论、争辩，如同乒乓球运动员在千百次击球中才打出一两个擦边球，是可遇不可求之事。

但目前学术论文普遍创意阑珊，除此之外，存在的问题还有：主题陈旧、缺乏命题、没有问题意识、不进行学术总结、结构失衡、不懂论证。因本书性质，在此不作探究。

毕加索画

资料来源：百度图片

1—2　法学学术论文的一般结构

题目

题目是论文的名片，应是论文的高度概括。好的论文题目能反映出作者研究的主题（方向）和立场（观点）。如果不可兼得，便选取前者。题目用语要确切、简洁、精练、新颖。

内容提要及关键词

将文章的主要内容简要概括出来，便于读者了解论文在说什么。提要以两三百字为宜。一般短文可不写提要。按与论文内容紧密程度列出关键词两三个即可，多了便不关键。

绪论（引论、引言、前言、序言）

概述研究该课题的动机、目的、意义和主要方法，指出前人做了哪些工作、进展到何种程度、哪些尚未解决，说明自己研究的主要贡献，将读者引入。这部分比例不超过全文的15%。

本论（正文）

这是论文的主体，占全文的70%～80%，是作者表达立场（观点）的部分。而最关键之处是对立场的论证，即证明作者所提出的命题。这包括命题的提出、对解决命题的设想、解决的方法（分析、比较、归纳、综合）、主要数据、研究结果。本论一般分几个部分，每部分加上小标题。写作本论时要分清主次，注意部分之间的过渡衔接。

结论

它是整个论文得到的结果，即整个研究的答案。结论之目的是使读者看到作者的独到见解，因而要求措辞严谨、逻辑严密、文字简明。不能得出明确结论时，要指明进一步探讨的方向。本部分占比为5%左右。

附录

可辑录与正文相关的文章，以帮助理解正文，或作为正文的补充。

参考文献

在文章的最后列出写作论文时所参考的主要文献，反映出作者对本课题的历史和现状研究的程度，也便于读者了解该领域的研究情况、评价论文的水平和结论的可信度。列举并非多多益善，以相关性为限。

注释

引用别人原话或原文时还需注明出处，以便查找。这样做反映出作者的科学态度和求实精神，表示作者对他人成果的尊重。但不要过多地引用他人原话，否则就变成了读书报告。

论保留死刑

死刑关乎个人生命、社会安全，历来争议不停。

本文认为，保留死刑的合理之处在于："杀人偿命"是人类社会长期以来形成的法律观念，至今仍为广大民众认同；"趋利避害"是人的本能反应和选择，死刑对可能犯罪之人具有巨大的威慑作用；由于社会难免在一定时期出现穷凶极恶的犯罪，死刑是对付恶性犯罪的必要手段；现代司法制度日臻完备，可以避免误用死刑。

如果废除死刑，那么最高刑就会是终身监禁，这不仅会造成财物资源上的浪费，还可能因罪犯越狱逃脱，再报复社会；根据罪行均衡原则，如果罪大恶极而不执行死刑，由于被害者家属的仇恨，导致"私人司法"的出现，会引发更多的刑事案件，使公民对国家失去信任。

因此，目前应保留死刑，保留死刑之利大于废除死刑之弊。

2 调查报告

2—1 调查报告的性质

它是对某项工作、某个事件、某个问题，经过深入细致的调查后，将收集到的材料加以系统整理、分析研究，以书面形式展示调查情况的一种文体。

调查报告的特点有：

（1）写实。调查报告的第一要务是充分了解实情和全面掌握真实可靠的素材，用叙述性语言反映某一客观情况。

（2）针对性。围绕某一综合性或者专题性问题展开，如对在法院实习学生自身评价的调查。

（3）因果分析。调查报告要获取事实，但不是材料的堆砌，而是对数据和事实进行逻辑性分析，探明事情发生的原因，预测事情发展的趋势。

2—2 一般格式

题目

有两种写法：一种是规范化的标题格式，基本格式为《关于××××的调查报告》；另一种是自由式，如《××大学法学硕士毕业生就业情况调查》。

前言

写明调查的起因或目的、时间和地点、对象或范围、经过与方法以及人员组成等调查本身的情况，从中引出问题和假设。

正文

这是调查报告主要部分，详述调查研究的基本情况、做法、经验，分析调查研究所得材料，从中得出各种具体认识、观点和基本结论。

结尾

或提出解决问题的方法、对策或改进的建议；或总结全文的主要观点，进一步深化主题；或提出问题，引发人们进一步思考。

多少人在吸烟①

广州市控制吸烟条例在2010年1月通过了一审。羊城市民中究竟有多少人吸烟？对于公共场合控烟市民又有什么意见和看法？日前，广州市控制吸烟协会委托广东药学院公共卫生学院，采用分阶段分层随机抽样方法，在广州市10区2市中抽取了荔湾区、越秀区、黄浦区和番禺区的22个居委会、村委会，以街头偶遇方式对4 900名15岁及以上广州市户籍人口进行了控烟立法调查。

本次调查结果显示，广州人群吸烟率（至少连续6个月每日吸烟者）达到22.8%，现吸烟率（符合前一条件且最近30天内仍在每天吸烟者）为18.6%，其中男性现吸烟率为39.9%，女性为2.2%，低于2002年全国15岁～69岁人群现吸烟率（31.4%，男性和女性现吸烟率分别为57.4%和2.6%）。

报告特别指出，广州15岁～19岁女性的现吸烟率较高，达到3.4%，在女性各年龄段吸烟率中高居第二位。而在非吸烟者中，被动吸烟率（每周至少有1天吸入吸烟者呼出的烟雾超过15分钟）达到45.5%，近1/4的不吸烟者每天都暴露在二手烟中。

调查同时显示，男性、40岁～49岁者、无业人员、农民、工人，文化程度低（小学或初中文化），离异、分居人群的现吸烟率较高。从收入来看，现吸烟人群呈现两头大中间小的格局，月收入低于500元的低收入者和月收入高于5 000元的高收入者中，都有超过20%的人现在仍在吸烟，而中等收入者的现吸烟率低于20%。

调查报告指出，从吸烟率低于全国水平来看，广州市前期的控烟工作取得了一定成绩，但仍要在一些高吸烟率人群中开展行之有效的控烟教育。针对少年吸烟率偏高的情况，专家指出，广州亟待加强对青少年的健康教育，尤其是女性青少年的教育，预防吸烟；同时要鼓励开展戒烟门诊等专业服务，帮助吸烟者戒烟。

---

① 资料来源：《南方日报》编辑：《广州控烟立法调查 近九成赞成公共场所禁烟》，见http://www.pco.com.cn/News/Health/20100204/12692.htm，访问时间：2010-02-04。其他调查问题略，并作少量改编。

3 读书报告

英国大儒弗兰西斯·培根（Francis Bacon，1561—1626）曾论读书，其中脍炙人口的一段是："读史使人明智，读诗使人灵秀，数学使人周密，科学使人深刻，伦理学使人庄重，逻辑修辞之学使人善辩；凡有所学，皆成性格。人之才智但有滞碍，无不可读适当之书使之顺畅，一如身体百病，皆可借相宜之运动除之。"

运动除病，读书顺畅才智，但读书之时，也要对所思所悟有所记录。写读书报告，犹如种树种草，以防止才智之水土流失。那么，怎样写读书报告呢？简要地说，读书报告有三要素，即作者说了什么、说得如何、读者怎么接着说。如果读者能够将这三要素呈现出来，即是一篇中规中矩的读书报告。

边看边写

不论有何感悟、疑惑和见解，随时记下。可以直接写在书上，而不要怜惜书，或写在本子上，若干年后便成一部读书札记。在浏览书一次后，如发现有可以发挥之处，再把书有选择地重读一遍，以便找寻你想论述的更多的资料或例证。

出乎其外

要写好一本书的读书报告，除了要透彻理解本书，还要对作者、作者所处的时代、写作的背景有所了解。最好能同时找到作者的传记、作者的其他作品、别人对这本书的研究，这样一来，读书报告就厚实得多。

不惧片面

赞要赞作品的独特之处，批当批作者的痛处，切忌四平八稳、泛泛而论、不汤不水。但读书人的学养往往逊于作者的，做到这一点，并非易事。

体裁多样

写读书报告的多样，视书的性质，也要看读者的感受，或成抒情美文，或成尖锐的评论，或成精辟的论文。

以一般格式计，读书报告的内容可包括：

（1）作者简介、内容概要；

（2）书中令人深刻难忘的独特之处；

（3）对本书的评价；

（4）读后感：联想、启发、疑问、反思、期望等。

读耶林的《为权利而斗争》①

耶林的名篇《为权利而斗争》，大气磅礴、睿智雄辩、发人深省，是每一个以法律为职业的人的圣经。通读全篇，录杂感如下。

耶林在开篇时提出："法权（Recht）是一个实践的概念，即一个目的概念。"实践的本质即目的与手段的对立，而事实上，整个法律体系不外是对这两个问题的回答。法律制度所提供的诸般手段最终可归结为反对不法（Unrecht）的斗争，而其所欲达致的目的则是法权的秩序，亦即斗争是法权的手段，而和平则是其目的。和平与斗争统一于法权的概念，没有斗争，和平终将失去，没有对不法的抵抗，法权自身将遭否定。耶林通过分析法权本质中的对立面间的依存、共生关系，简洁地推论出"斗争是法权概念的要素"这一初步结论。

法权这一概念包含着主观意义上的权利和客观意义上的法律秩序两个面向。耶林在第一部分中主要从客观层面讨论了斗争是法律生发和成长的要素这一观点。他首先揭示了一个人们认识上的误区，即法律秩序的获得是与斗争无关的，就像不费吹灰之力的富有继承人可以否认财富源于劳动一样。但是，显然，这种认识并不是事实的真相。因为"历史只知晓，和平和享受两者是不懈的艰苦努力的结果"。其次他批评了以萨维尼为代表的历史法学派的观点，认为法律并不像语言、艺术一样来自民族精神和信念，并自然地生成，那是浪漫主义的眼光，萨氏的观点也是没有实证依据支持的。而且耶林一针见血地指出："作为理论见解，它虽然是错误的，但倒不危

① 节选自"面朝夏日的星空"2007年10月10日博客，作者：斯多亚，见 http://sommerstoria.blogbus.com/logs/10233567.html。

险，而作为政治原则，它却包含着可以想见的灾难性异端邪说”。因为在人们应当付出行动去争取的时候，这个理论要人们袖手旁观，以信赖之心等待事物的自我生成，等待法律从民族的法律信念中逐渐涌现出来。“法律观念是永恒的生成，但已生成的必须让位于新的生成，这原是：——所形成的一切是值得毁灭的。”而这所有的产生和发展从斗争中获得动力。

在第一部分的最后，耶林饱含深情地说：“把民众与他们的法连在一起的牢固纽带，不是习惯，而是牺牲，上帝对他所愿意眷顾的民众，不是赐予他们以法，也不是减轻他们的劳作，而是加重这种劳作。法所要求的斗争，不是不幸，而是恩典。”这不得不令笔者想起曾有人说过的一句话：“上帝拯救人的方式是给每一个子民以刀柄。”同样，霍姆斯在一篇题为《军人的信仰》的演讲中说：“战争和痛苦依然是人的命运”，“生命的抗争是世界的规则，在此，烦恼只是徒劳”。也许法律的斗争不过是生命的无数斗争的一个方面，法律人将它看作生命抗争的一个缩影。

…… ……

中译本参见：［德］鲁道夫·冯·耶林：《为权利而斗争》，郑永流译，北京，法律出版社，2007。

4　案例分析

见卷九。

5　管理自己的写作

不仅一个国家、一个公司需要管理，写作也有管理的需求。因为写作既不是传统式的一支笔加一叠纸，也不是现在的一人独对电脑，而是一个过程，在这个过程中，有时间、关系、技术等要素在决定着写作的成败，还会发生一些意想不及的紧急情况。

写作管理主要分为以下几种。

5—1　时间管理

管理学的格言曰：不会计划时间的人，等于计划失败。所谓时间管理，是指用最短的时间或在预定的时间内，把事情做好。例如，毕业论文是本科教学计划的重要组成部分，作为独立的一门课程设置，占若干学分。学生须在修完教学计划规定的课程并考核合格后，方能进行毕业论文写作。毕业论文写作分选题、撰写（提纲、初稿、修改定稿）、论文答辩[①]三阶段，前后延续 3~5 个月。学生对每阶段都要确定具体的时间结束点，严格依照计划进行，正如巴金森所说："你有多少时间完成工作，工作就会自动变成需要那么多时间。"

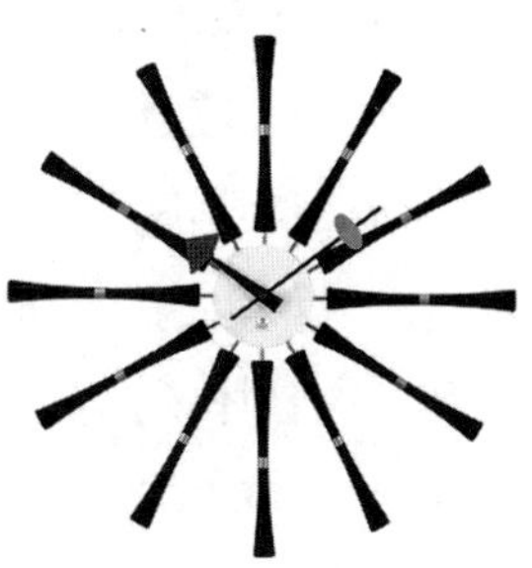

图片来源：http://news.51zsjc.com

5—2 关系管理

"关系"的德文为 Beziehung，因头一个字母是 B，故德国人称"关系"为维生素 B，颇得东方"关系"一词的精义。这里不是要学生在写作中去"拉关系"，而是说，在写作中，学生肯定要与其指导教师、团队成员、研究或调查对象（人）、资料拥有者、资助人打交道，能否处理好与他们的关系，影响着论文水准的高下。例如，本科生无固定指导教师，只是在写论文时才去寻找。这就要求学生根据所写论文主题，在学校的网站上查一下哪些教师是这方面的专家，最好选一个比较热心而且时间比较充裕的，如果是你的任课教师则更好。有的大学采取根据论文主题指定的办法。选定后要主动与指导老师联系，听取指导老师对写作每个阶段的意见。

5—3 技术管理

在信息技术高度发达的今天，写作也受到技术的浸染，这不仅指写作在资料上依赖互联网等工具，更是说对论文的数据处理、图表制作、索引编排、版式设计、打印装订等需要大量技术，这对于实证研究类的论文尤显重要。在自己不能独立运用这些技术时，需

① 一般答辩程序为：个人陈述（5 分钟）→答辩组教师提问，学生回答（20 分钟）→答辩组教师各自初评、讨论、评出最终成绩（5 分钟）。

寻求他人的技术支持，这又涉及关系管理。

5—4 应急管理

俗话说：不怕一万，就怕万一。写作中不可避免会发生一些突发事件，如生病、临时被要求赴外地工作面试、关键数据丢失或拿不到、电脑坏了，更糟的是，写作接近尾声时，突然发现别人早已完成了你作的研究。但如果有一个大致的应急方案或心理准备，虽令人沮丧，也不会变得一溃千里、河山不振了。

6 敬畏你头上的星空和心中的道德法则

最后的但并非最不重要的，就是学术规范和学术道德。康德墓碑上的碑文曰："有两样东西，我们思索得愈久，就愈使心灵充满景仰和敬畏：我头上的星空和我心中的道德法则。"

如果一个人无任何敬畏，令人可怕。

哥尼斯堡康德的墓地：康德的墓志铭（上为德文，下为俄译文）

图片来源：http://www.ccmedu.com/blog/u/94/archive...486.html

在论文写作中，学生对学术要秉承一颗敬畏之心，这具体指：必须遵守学术规范，恪守学术道德，讲求学术诚信，勇于承担学术责任和学术义务，不为学术不端行为。所谓学术不端行为是指违反学术规范、学术道德的行为，国际上一般指捏造数据、篡改数据和剽窃三种行为。结合中国目前存在的问题，学术不端行为具体表现为：

——抄袭、剽窃、侵吞他人学术成果或他人正在研究的工作；

——篡改他人学术成果；

——伪造或者篡改数据、文献、注释；

——未参加创作，在他人学术成果上署名；

——未经他人许可，不当使用他人的署名；

——购买论文；

——故意夸大学术价值、经济与社会效益；

——其他违背公认的学术道德准则的行为。

就学生一方而言，对学术不端行为常有这样两个认识误区：

误区之一：只要不是剽窃他人的观点（包括实验数据、结论），就可以照抄别人的叙事语句，不算剽窃。

正确：必须用自己的语言来描述，而不能套用他人的语句。

误区之二：只要注明了文献出处，就可以直接大段地，甚至整页整节地照抄或引用他人的文章。

正确：注明了文献出处，少量直接引用可以，超过5行以上的段落，必须用自己的语言进行总结、复述。

阅读书目

（1）［英］布拉克斯特：《怎样做研究》，2版，戴建平、蒋海燕译，顾肃校，北京，中国人民大学出版社，2005。

（2）梁慧星：《法学学位论文写作方法》，北京，法律出版社，2006。

（3）北京大学法学院：《法学的诱惑——法律硕士论文写作示范指导》，北京，法律出版社，2003。

（4）［美］D. 罗德里格斯、R. 罗德里格斯：《怎样利用Internet写论文》，3版，姜婷婷、马宇宁译，马费成审校，沈阳，辽宁科学技术出版社，2004。

（5）［英］保罗·奥利弗：《学术道德学生读本》，金顶兵译，北京，北京大学出版社，2007。

（6）凌斌：《法科学生必修课：论文写作与资源检索》，北京，北京大学出版社，2013。

卷十三

天下第一考

古有科举，今有法考，均被称为“天下第一考”。国家统一法律职业资格考试简称法考，为何是天下第一考？首先是因为通过率相当低，平均在13%左右。其次是因为科目多，总共是18科。再次是因为题量大，时间长。分客观题和主观题，总共三个卷，总考时为600分钟，这对一般人来讲不可谓不难。但也有61岁安徽人张世厚，他曾是安徽某医院外科的副主任医师，自学法律4年，4次参考，于2008年通过“天下第一考”，他得了385分，比当年及格线360分高

1904年7月4日，清朝举行了中国历史上最后一次科举考试。在礼部会试中选拔出来的273名贡士，参加了名义上由皇帝主试的殿试。这次殿试的前三名为：状元刘春霖、榜眼朱汝珍、探花商衍鎏。参加此次科考的还有谭延闿、沈钧儒等人

资料来源：中国宁波网，http://www. cnnb. com. cn，访问时间：2010-06-08

出 25 分。

1 国家统一法律职业资格考试的历史

律师资格考试 国家统一法律职业资格考试的前身是律师资格考试，即“中华人民共和国律师资格全国统一考试制度”，简称“律考”。1986 年 9 月 27 日、28 日，我国首次举办律师资格考试。自此，一切有志于法律事业的普通人可以通过考试进入法律职业的门槛。第一届律考共有 2.9 万人报名，1 134 人通过。截至 2000 年最后一届，律考延续了 15 年，共 12 次，全国有 150 万人报名参加。

在 1995 年前，中国的法官、检察官是由法院、检察院直接提名报同级人民代表大会任命。在律师职业面向社会公众的同时，法院和检察院也在探索系统内部经考试的选拔机制。根据 1995 年通过并实施的《法官法》《检察官法》，两院开始建立初任法官、初任检察官考试制度，规定只有通过考试者方能提请同级人大任命为法官、检察官。自 1995 年起，最高人民法院先后于 1995 年、1997 年、1999 年 3 次组织了“初任法官资格考试”，最高人民检察院先后 4 次组织了“初任检察官资格考试”，两院系统共有 7 万人通过考试并取得相应职业的初任资格。

国家司法考试 由于三种考试门槛高低不一，资格不通用，在学者和民众的呼吁下，我国开始酝酿“三考合一”。2001 年 6 月 30 日，第九届全国人大常委会第二十二次会议修改《法官法》《检察官法》，两个法律分别增加一项规定：国家对初任法官、初任检察官和取得律师资格实行统一的司法考试制度，国务院司法行政部门会同最高人民法院、最高人民检察院共同制定司法考试实施办法，由国务院司法行政部门负责实施。

从 2002 年起，拟任法官、检察官和律师都需要通过国家司法考试。另外，司法部要求，公证员也须通过国家司法考试。至此，我国统一的国家司法考试制度正式建立。

国家统一法律职业资格考试 2015 年 12 月 20 日中共中央办公

厅、国务院办公厅印发《关于完善国家统一法律职业资格制度的意见》。据此，国家司法考试于2018年被国家法律职业资格考试替代，2017年是国家司法考试的最后一年。

法律职业人员是指具有共同的政治素养、业务能力、职业伦理和从业资格要求，专门从事立法、执法、司法、法律服务和法律教育研究等工作的职业群体。担任法官、检察官、律师、公证员、法律顾问、仲裁员（法律类）及政府部门中从事行政处罚决定审核、行政复议、行政裁决的人员，应当取得国家统一法律职业资格。国家鼓励从事法律法规起草的立法工作者、其他行政执法人员、法学教育研究工作者，参加国家统一法律职业资格考试，取得职业资格。

2 国外司法考试简况

虽然各国的历史传统、文化背景和经济条件不同，司法考试制度存在一些差异，但在把通过司法考试作为取得法官、检察官或律师资格的条件上，各国是相同的。

德国——两次司法考试

司法考试源于普鲁士，是德国人引以为自豪的制度设计。《德意志法官法》第5条规定：充任法官的受教育资格，是在一所大学研习法律专业，通过第一次考试，并修完职业预备期，最后通过第二次国家考试。充任检察官、律师以及高级公务员也需要具有与充任法官相同的受教育条件。

图片来源：http://Montblanchi. baidu. com

德国规定，学生必须至少在校研习三年半以上，参加大学所组织的与第一次考试有关的课程学习和教学活动，才能有资格报考第一次考试。考试的主要目的在于检测考生“是否达到作为预备法律工作者的资格”。考试采用书面和口头两种方式进行。通过书面考试之后，才能申请口头考试。口头考试合格后，就算通过第一次考试。

下一步是职业研修预备期，学生在法院、检察院、律师事务所进行一般为时两年的研修。然后参加第二次国家考试，看看这些人“是否具备作为法官、检察官、律师或者高级公务员所要求的综合知识水准、综合能力和个人品行”。这次考试的内容更加专业化，并且加大了州法的份额。笔试和口试相继合格后，获得“候补文官”的资格，可申请法官、检察官、高级公务员职务，或当律师。

法国——职业培训考试

在法国，从事法律职业的资格与高等法学教育文凭直接相关。一般来说，需要接受四年法学教育并取得法学硕士文凭，另还要通过国家、地方团体或法律职业公会组织的竞争性考试，接受专门职业培训，方可进入法律职业圈。例如，希望成为法官（含检察官）的法学毕业生，需在国家法官学院接受培训，这先要通过国家法官学院的入学考试。考试重点考查学生应用法律知识解决问题的能力。被录取的学生，均为见习法官，需接受为期两年半的法官基础教育，其中包括为期17个月的到公司、国家机关和法院的实习。

进入律师、公证人等法律自由职业也大体如此。例如，欲成为律师，一般也需要通过入学考试，进入各大区律师公会主办的律师学校，学制为18个月（含实习）。通过毕业考试的学员即取得律师资格，可以宣誓成为执业律师。

日本——两次司法考试

日本实行法曹一元化制度，法官、检察官和律师都通过统一的司法考试来选拔。日本的司法考试是世界上最难的司法考试之一，通过率仅有3%左右。仿效德国，司法考试也分为第一次和第二次考试。第一次考试以判定考生是否具备参加第二次考试的学识修养和能力为目的，第二次考试以判定考生是否具备担任法官、检察官和律师的必要学识和应用能力为目的。注重“法曹”培养的“法科大学院”毕业生有资格参加司法考试，而非“法科大学院”毕业生只有通过预备考试才有资格参加。考生通过第一次考试之后，便有资格成为司法研修所的学员，研修时间为一年半。研修所特别强调司法实务教育，要到法院、检察厅、律师事务所接受一对一的学徒式教育。司法研修生只有通过最后的结业考试，才能从事法官、检察官或律师工作。

法国、德国、日本以及韩国等大陆法系国家的法律职业者培养模式，被称作横向一体化的培养模式。

英国——律师资格考试

英国和美国绝大多数法官、检察官都从优秀的律师中选拔产生，因此，它们的司法考试实际上就是律师资格考试。

英国的律师分为事务律师和出庭律师两类，获得不同律师资格的条件像判例法一样复杂：

两类律师资格的共同条件是，满足下列之一：（1）本科法律学位；（2）本科非法律学位+法律研究生毕业证书；（3）本科非法律学位+1 年脱产或 2 年不脱产法律课程的学习+通过共同职业考试。

事务律师资格的特别条件是：参加由律师学院负责的法律实习课程的学习，1 年或 2 年；通过培训结业考试后，到事务律师事务所或者其他机构实习，期满后，获得事务律师资格。

出庭律师资格的特别条件是：加入伦敦四大律师会馆中的任何一个，学习为期 1 年的律师职业课程。通过结业考试后，即可获得律师会馆颁发的律师学位，相当于律师资格证书。但还必须在出庭律师事务所进行为期 1 年的见习，见习结束时，经导师考评合格，即可正式获得出庭律师资格。

美国——律师资格考试

美国没有全国统一的司法考试，各州自己举办律师考试，要求也各不相同，但进入法律职业的唯一途径是在法学院接受教育，却是一致的。各州的律师资格考试均由律师协会负责组织，考试由各州单独测试和全国联考两部分组成。学生先参加各州单独测试，单独测试每年举行两次，再参加全国联考，联考内容为职业伦理和职业责任，一年多次，同时在各州举行。虽然各州所划定的分数线不同，但考试成绩在全国范围内有效。通过律师资格考试后，考生可提出执业申请，州律师协会要对申请人的精神状况和道德品质进行审查。合格后，由州最高法院发给律师执业证书，即可执业。

在美国，只有具备相应执业经验的优秀律师才可能成为法官。而检察官和律师实际上没有差别，只是工作方式和服务对象不同。

3　报考资格

3—1　法定条件

依据《法官法》、《检察官法》、《中华人民共和国律师法》（以下简称《律师法》）、《中华人民共和国公证法》（以下简称《公证法》）及《国家统一法律职业资格考试实施办法》的有关规定，符合以下条件人员，可以报名参加国家统一法律职业资格考试：（1）具有中华人民共和国国籍；（2）拥护中华人民共和国宪法，享有选举权和被选举权；（3）具有良好的政治、业务素质和道德品行；（4）具有完全民事行为能力；（5）具备全日制普通高等学校法学类本科学历并获得学士及以上学位，全日制普通高等学校非法学类本科及以上学历并获得法律硕士、法学硕士及以上学位，全日制普通高等学校非法学类本科及以上学历并获得相应学位且从事法律工作满三年。

根据教育部印发的《普通高等学校本科专业目录（2020 年）》，“法学类”是指普通高等学校本科专业法学门类下的“法学类”，其学科代码为 0301，具体包括：法学、知识产权、监狱学、信用风险管理与法律防控、国际经贸规则、司法警察学、社区矫正 7 个专业。

3—2　考试内容

考试主要测试应试者的法律专业知识和从事法律职业的能力。考试分为客观题和主观题两部分，以 2021 年为例：客观题考试分为试卷一、试卷二，每张试卷 100 道试题，分值为 150 分，总分为 300 分 。每卷考试时间长度为 180 分钟，总共 360 分钟。具体考查科目为：

试卷一：习近平法治思想、法理学、宪法、中国法律史、国际法、司法制度和法律职业道德、刑法、刑事诉讼法、行政法与行政诉讼法。

试卷二：民法、知识产权法、商法、经济法、环境资源法、劳动与社会保障法、国际私法、国际经济法、民事诉讼法（含仲裁制度）。

Zur Prüfung der Qualität ins Bild zoomen（图片来源：http：//www. pitopia. de）

客观题考试合格后可参加主观题考试。主观题考试为一卷，包括案例分析题、法律文书题、论述题等题型，分值为180分。考试时间长度为240分钟。具体考查科目为：习近平法治思想、法理学、宪法、刑法、刑事诉讼法、民法、商法、民事诉讼法（含仲裁制度）、行政法与行政诉讼法、司法制度和法律职业道德。

4　考试成绩与授予资格

国家统一法律职业资格考试实行全国统一评卷，考试合格分数线由司法部商最高人民法院、最高人民检察院等有关部门确定。

经审核符合资格授予条件的，由司法部授予法律职业资格，颁发法律职业资格证书。

历年考试通过率①

年份	报名人数（万）	合格分数线	通过率（%）
2002	36	240（235）	7. 74（8）
2003	19. 7	240（225）	10. 18（11. 12）

① 括号内为放宽合格线（率）。

A 证指本科（任何专业，但是党校本科学历除外）学历并通过全国线的人持有的资格证；B 证是法律专科学历并通过全国线的人持有的；C 证是法律专科报名并通过照顾地区线的人持有的。

A 证可以在全国使用，B、C 证在当地使用。如果只取得了 B 证或者 C 证，但想在全国执业，则须先通过自考（非在校）或者成考（在校）拿到本科学历，然后重新参加司法考试，通过全国线。

续表

年份	报名人数（万）	合格分数线	通过率（%）
2004	19.5	360（335）	11.22（12.3）
2005	24.4	360（330）	（14.39）
2006	27.8	360（324）	15（17）
2007	29.4	360（320）	20（22.39）
2008	37	360（315）	25（27）
2009	42	360（315）	39.4（A 证 24.8）
2010	39.5	360（315）	14.29
2011	41.5	360（315）	25.3
2012	40	360（315）	12
2013	43.6	360（315）	11
2014	45.4	360（315）	10
2015	48	360（315）	11
2016	58.8	360（315）	10
2017	64.9	360（315）	13.75
2018	60.4	180（客观题） 108（主观题）	18.2
2019	60.6	180（客观题） 108（主观题）	16
2020	69	180（客观题） 108（主观题）	20

5　法律职业资格考试与大学法学教育的关系

法律职业资格考试是一种资格考试，考试的目的是选拔具备从事法律职业能力的人才。考试主要是考查学生的职业能力，即应用法律解决纠纷的能力。而大学现行法学本科生教育的性质是素质教育加职业教育，培养出的法律人具有复合的素质：忠于法律的政治道德；公平正义的价值观；严谨的思维方式；良好的人文和科学素养；高尚的职业道德；坚实的法律理论基础和熟练的职业技能。由于法律职业资格考试与大学教育的性质不同，法学本科教育的内容也远较法律职业资格考试的科目广泛，不可将法律职业资格考试与大学教育等同视之。质言之，大学教育要培养的是“全人”，而法律职业资格考试选拔的是“专才”。

但也不可将两者对立。多年来，大学法学教育重理论轻实务，以传授系统和科学的法律知识为目的，强调知识的灌输和理论的探讨，注重书本和课堂教学，教育过程缺乏实际应用环节，忽视了对学生分析和处理实际法律案件、纠纷的能力的培养，由此导致学生对司法实务知之甚少，培养出的学生常常被法律实务界抱怨为知识应用能力和职业技能低下。大学法学教育被形容为“离天近，离地远”。为改变这一困境，大学法学教育正向以职业教育为主的方向演进，其中法律职业资格考试起着重要的催化作用。将来两者理想的关系是，法学院离法院有一段路，但不太远。

附：法律职业资格考试培训学校名单

万国、三校名师、合众、律智、中律、独角兽、厚大、华旭等。

卷十四

国内外进阶之路

大学本科只是你的学术驿站之一，而下一个旅程也许就是考研究生。无论出于何种目的考研，专业深造还是好找工作，因为单位用人都是非硕士不可，考研已成为本科生的重大“出口”。2020 年国内“考研大军”多达 341 万人，最终约 110 万人被录取。同时，尽管经济危机导致西方国家的大学费用在提高，奖学金锐减，申请出国读研的人数仍在增加。进阶之路肯定与成败相伴，《风雨考研路》中一篇文章有这样一句话值得记取：“你拼搏过吗？只要你拼搏过就不会失败，因为真正的失败是不去拼搏！”

法学学士毕业典礼发言

图片来源：http://fxy.scu.edu.cn/news

1 学科与专业

学科与专业在常人看来几无差别，但如果你走上进阶之路，不可不略有分辨。因为你考研时会碰到法学一级学科、二级学科等术语。一般而论，学科是对科学知识体系的分类，不同的学科就是不同的科学知识体系；其目标是知识的发现和创新。专业是建立在一定学科知识体系的基础上，其目标是为社会培养各类专门人才。专业结合了知识体系、社会职业需求和教育结构三种要素。一个专业可能要求多种学科知识，如本科的法学专业除法学的知识外，还需要政治学、社会学等学科的知识；一个学科的知识可应用于不同专业中，如法学的知识可应用于经济学、管理学等专业中。

因此，这里的法学是指学科意义上的，与上文提到的作为本科专业门类的法学有所不同。

1—1 学科门类和专业

据教育部《学位授予和人才培养学科目录》（2018 年）中国现有学科门类 13 个，下分 110 个一级学科、392 个二级学科。这 13 个学科门类是哲学、经济学、法学、教育学、文学、历史学、理学、工学、农学、医学、军事学、管理学、艺术学，它们可再分为社会科学与自然科学两大类。

社会科学是哲学、经济学、法学、教育学、文学、历史学、管理学、艺术学八个学科的统称，也就是每年高考中的文科，其研究对象是人类社会。自然科学是理学、工学、农学、医学、军事学五个学科的统称，也就是每年高考中的理科，其研究对象是自然界。

根据教育部 2020 年制定的《普通高等学校本科专业目录》（2021 年修订），我国大学本科专业共分为 12 个学科门类（除军事学）、92 个专业类、740 个专业。

1—2 法学

法学既是一个学科概念，也是一个专业概念。作为学科，法学首先指门类，法学门类包括六个一级学科，即法学、政治学、社会学、民族学、马克思主义理论、公安学。其次，作为一级学科，法学下设 10 个二级学科，代码、名称如下：

0301	法学
030101	法学理论
030102	法律史
030103	宪法学与行政法学
030104	刑法学
030105	民商法学（含：劳动法学、社会保障法学）
030106	诉讼法学
030107	经济法学
030108	环境与资源保护法学
030109	国际法学（含：国际公法、国际私法、国际经济法）
030110	军事法学

作为专业，法学的本科教育包括法学、知识产权、监狱学、信用风险管理与法律防控、国际经贸规则、司法警察学、社区矫正 7 个专业；研究生（硕士和博士学位）教育则按法学的 10 个二级学科设置。

2　国内进阶：法学硕士与法律硕士

2—1　性质

常人区别不了学科与专业，也搞不清法学硕士与法律硕士的关系。法学硕士（Master of Law），属普通硕士。根据我国的有关规定，普通硕士教育以培养教学和科研人才为主，授予的是学术型学位。目前，我国学术型学位按招生学科门类分为哲学、经济学、法学、教育学、文学、历史学、理学、工学、农学、医学、军事学、管理学、艺术学 13 大类，13 大类下面再分为若干一级学科、二级学科，还有不由教育部而由招生单位自行设立的若干个二级学科。研究生毕业时，若课程学习和论文答辩均符合《学位条例》的规定，可获研究生毕业证书和硕士学位证书。法学硕士位于法学学士和法学博士之间，旨在为国家培养初级学术型人才，但实际上学生绝大部分成为应用型人才。如前所述，法学下设10个二级学科。

法律硕士（Juris Master，简称J. M.）则属专业硕士。专业学位教育是我国研究生教育的一种形式。区别于侧重理论、学术研究的普通研究生教育，专业学位教育旨在培养应用型人才。目前，我国设置的硕士专业学位已达40类。法律硕士学位是职业性学位，主要培养面向立法、司法、律师、公证、审判、检察、监察及经济管理、金融、行政执法与监督等部门的应用型法律人才。自1996年我国开办法律硕士教育以来，截至2020年，全国共有法律硕士授权点236个。

2—2 不同

（1）报考条件

报考法学硕士的考生必须具有国民教育序列大学本科生学历，不限本科生专业，但实际考生多为法学本科生，但不招收同等学力的非本科生。

报考法律硕士的考生必须具有国民教育序列大学本科学历（或具有本科同等学力）的非法律专业的毕业生，且同等学力的本科毕业生必须工作两年以上；同等学力的专科毕业生必须工作3年以上。从2009年起，允许法学本科毕业生报考法律硕士，学制一般为两年。对这两者分别简称为“法本法硕”和“非法本法硕”。

（2）考试

除公共课政治和外语外，法学硕士生入学考试专业课由有资格招生的高校各自单独命题，全国重点大学和部分一般本科院校通常都有招收法学硕士的资格。

法律硕士生入学考试是通过全国法律硕士专业单位联合组织的，全国有权招收法律硕士的院校只有一些重点院校。

（3）教育方式

每个法学硕士都配有一个导师，且专业划分较细，研究领域一般只有一个方向。在制度上，培养目标主要是从事科研教学的学术性法律人才。法律硕士通常不再进一步分专业，实行“双导师”制，校内导师教授法学理论，校外导师教授法律实务，培养方式更注重实践和应用，培养目标主要是复合型、应用型法律人才，如法官、检察官、律师和企业法律顾问等。

（4）录取比例

法学硕士的录取比例一般都在 10∶1 左右。

法律硕士目前属国内考研热门专业，加上有权招收全日制法律硕士的院校变为国家重点大学，故竞争极为激烈，录取比例平均达到 8∶1。

（5）培养费

法律硕士是自费，如中国政法大学每学年学费为 1.5 万元。

事实上，法学硕士与法律硕士的最终出路差别不大。在未来发展中，专门型 J. M. 即法律硕士，将会成为我国职业法律人才培养的主渠道。

法学硕士点①

<table>
<tr><th rowspan="2">院校</th><th colspan="9">统一专业</th><th rowspan="2" colspan="7">自设专业</th></tr>
<tr><th>法学理论</th><th>法律史</th><th>宪法学与行政法学</th><th>刑法学</th><th>民商法学</th><th>诉讼法学</th><th>经济法学</th><th>环境与资源保护法学</th><th>国际法学</th></tr>
<tr><td>中国人民大学</td><td>●</td><td>●</td><td>●</td><td>●</td><td>●</td><td>●</td><td>●</td><td>●</td><td>●</td><td colspan="2">比较法学</td><td colspan="2">知识产权法学</td><td colspan="3">社会法学</td></tr>
<tr><td>中国政法大学</td><td>●</td><td>●</td><td>●</td><td>●</td><td>●</td><td>●</td><td>●</td><td>●</td><td>●</td><td>●军事法学</td><td>知识产权法学</td><td>人权法学</td><td>证据法学</td><td>比较法学</td><td>网络法学</td><td>社会法学等</td></tr>
<tr><td>北京大学</td><td>●</td><td>●</td><td>●</td><td>●</td><td>●</td><td>●</td><td>●</td><td>●</td><td>●</td><td colspan="2">国际经济法</td><td colspan="2">知识产权法</td><td colspan="3">商法</td></tr>
<tr><td>清华大学</td><td>●</td><td></td><td>●</td><td>●</td><td>●</td><td>●</td><td>●</td><td>●</td><td>●</td><td colspan="2">知识产权法学</td><td colspan="2">比较法与法文化学</td><td colspan="3">国际仲裁与争端解决</td></tr>
</table>

① 数据来源于各学校的官方网站 2021/2020/2019 年硕士招生专业名录。

续表

院校	统一专业									自设专业
	法学理论	法律史	宪法学与行政法学	刑法学	民商法学	诉讼法学	经济法学	环境与资源保护法学	国际法学	
华东政法大学	●	●	●	●	●	●	●	●	●	知识产权法学、社会法学、军事法学、公安法学
武汉大学	●	●	●	●	●	●	●	●	●	
西南政法大学	●	●	●	●	●	●	●	●	●	知识产权法学、监察法学、社会法学
对外经济贸易大学	●		●	●	●	●	●		●	
吉林大学	●	●	●	●	●	●	●	●	●	知识产权法学
上海交通大学	●	●	●	●	●	●	●	●	●	
南京大学	●	●	●	●	●	●	●	●	●	
浙江大学	●	●	●	●	●	●	●	●	●	
厦门大学	●	●	●	●	●	●	●	●	●	财税法学
中南财经政法大学	●	●	●	●	●	●	●	●	●	知识产权法学、社会治理法学、侦查学、治安学

续表

院校	统一专业									自设专业
	法学理论	法律史	宪法学与行政法学	刑法学	民商法学	诉讼法学	经济法学	环境与资源保护法学	国际法学	
北京航空航天大学	●		●	●	●	●	●		●	
北京师范大学	●		●	●	●	●	●		●	
南开大学	●	●	●	●	●	●	●	●	●	
辽宁大学	●	●	●	●	●	●	●	●	●	司法鉴定学 老年教育与老年法学 财税法学 知识产权与人工智能法学
复旦大学	●	●	●	●	●	●	●	●	●	
苏州大学	●	●	●	●	●	●	●	●	●	知识产权法学
南京师范大学	●	●	●	●	●	●	●	●	●	
山东大学	●	●	●	●	●	●	●	●	●	
湘潭大学	●	●	●	●	●	●	●	●	●	知识产权法学
中南大学	●		●	●	●	●	●	●	●	知识产权法学 卫生法学 文化法学
中山大学	●	●	●	●	●	●	●	●	●	立法学

续表

<table>
<tr><td rowspan="2">院校</td><td colspan="9">统一专业</td><td colspan="3" rowspan="2">自设专业</td></tr>
<tr><td>法学理论</td><td>法律史</td><td>宪法学与行政法学</td><td>刑法学</td><td>民商法学</td><td>诉讼法学</td><td>经济法学</td><td>环境与资源保护法学</td><td>国际法学</td></tr>
<tr><td>四川大学</td><td>●</td><td>●</td><td>●</td><td>●</td><td>●</td><td>●</td><td>●</td><td>●</td><td>●</td><td>知识产权法</td><td>司法制度</td><td>人权法</td></tr>
</table>

3 出国留学

中国近代法学留学活动肇始于1840年鸦片战争之后，第一位法科留学生是近代著名外交家、大律师伍廷芳（1842—1922）。他于1874年赴英国“习法律，开游学之先河”，1876年毕业于林肯律师学院（Lincoln’s Inn），获英国大律师证书。南京临时政府成立后，出任司法总长。

出国留学是一个系统工程。在整个出国留学的过程中，有许多事情要亲力亲为，对每个步骤要系统分析如何掌控。虽各个国家申请留学的程序不尽相同，但总的来说，有以下步骤，其中，申请作为重中之重，占整个出国过程权重的三分之二。

1900年前后的伍廷芳

图片来源：http://www.china.com.cn/...

3—1 步骤

⇩ 查询学校

可以通过各种途径如写信或上网来查询学校的资料。通过信件、传真、电子邮件方式索取学校资料及申请表格。查询内容如下：学校名称，联系方法，专业名称，专业课程，录取条件，地理位置，学费，生活费，奖学金，学校特点，专业排名/总排名。

⇩ 提出书面申请

综合上表中各项内容，按好、中、差三等各申请几个学校，以确保成功。一般应在开学前 10 个月与所选学校联系，向所选学校索要入学简章、入学申请表、奖学金申请表等各种材料，以使各大学有足够的时间来处理入学申请和研究各种证明文件。

各学校所需材料和要求各不相同，但一般都要填写申请表格，个人简历，两封推荐信，大学成绩单，学位证书，毕业证书，存款证明，TOEFL 成绩（如果有的话）。所有文件都要英文的。中文的证书和成绩单要翻译成英文，学校盖章，复印件即可，原则上所有文件要公证。

⇩ 填写申请表

填写前要先仔细阅读说明，以免遗漏重要内容。填写申请表要整齐清楚，每个问题要尽量回答完整。最好先复印一份以供填写练习。

⇩ 提供考试成绩

申请英语国家的，需要雅思或托福成绩；申请小语种国家（除俄语外）的，都要先在国内培训小语种，达到基础水平。部分国家还有特殊的考试，比如美国的研究生、理工科要考 GRE，商科类、管理类要考 GMAT。

申请读研究生必须附上大学成绩单，申请大学本科要附高中成绩单。除了中、英文成绩单外，还要有成绩公证书。成绩单上要有修读课程名称、学分、成绩及班上排名。

⇩ 提供学历证书

出国留学一般要提供毕业证书和学位证书的中、英文复印件及其公证书。

⇩ 准备推荐信

大多数学校要求申请人提供 2~3 封推荐信，说明被推荐人的基本情况、成绩、学术论文、科研成果、获得奖励、能力等。推荐信对申请入学帮助极大，因此要找了解自己特长、优点的人士提供。推荐人必须具备高级学术职称，包括申请人所在大学的教授、系主任、毕业论文导师。

⇩ 撰写个人陈述

个人陈述对于是否获得奖学金尤其重要。美国大学一般都要求申请者提供一至数篇的个人陈述（Essay）。个人陈述一定要围绕自己的特点来写，并严格控制字数。

⇩ 出具经济担保证明

出具相关银行存款或亲友经济资助证明，如学校提供全额奖学金，可不提供。如亲友担保，需由担保人填写有关表格，并附上有关证明。

⇩ 体检

一般学校都要求申请人提供体检表。这种表格由学校提供，要申请人找医生填写并签字。有的要附上防疫注射记录。也有的学校不需要体检表，但要求健康证明书。

⇩ 食宿申请

如果打算住校要及早申请，有的学校要求预付押金才能保证预留宿舍房间。

⇩ 提出正式申请

将所有申请材料连同申请费一起提交所选定的学校。

⇩ 录取

如果申请入学获得批准，申请人会收到学校的入学通知和用于申请签证的学校入学许可。

⇩ 申请护照和签证

A. 准备好户口簿、照片、身份证等到公安局出入境管理处办理护照，可上网查看所在地公安部门的要求。

B. 签证一般由各国使领馆签发。申请签证的材料和要求，可以在网上查找。但是签证的申请有技巧，拒签是常事。自费留学的全程都可以委托经验丰富的留学中介办理，成功率相对较高。

3—2　各国家语言要求

（1）美国

TOEFL 是到美国留学必须提供的语言考试成绩。美国大学对申请入学者并无统一 TOEFL 录取分数线。大部分大学对申请研究生课程的要求分数达到 90 分以上。如想申请奖学金，应达到 100 分以上，满分为 120 分。对于申请读研究生的学生来说，还必须提供 GRE 成绩。

GRE（Graduate Record Exam）是研究生的入学考试，它适用于除了法律与商业（需参加 GMAT 考试）以外的各种学科与专业的研究生考试。GRE 考试分两种：一种是普通 GRE 考试（GRE General），也就是大部分中国学生参加的 GRE 考试。一般说来，申请就读普通大学的 GRE 成绩达到 1 400 分，则有可能被录取；而申请奖学金，则必须达到 1 900 分。另一种是专项 GRE 考试（GRE Subject）。法律研究生亦有以 GRE 普通考试成绩替代 LSAT 成绩的。

LSAT 是 Law School Admission Test（法学院入学考试）的缩写。LSAT 是为测试赴美加地区留学学生的英语能力，其成绩是申请入法学院的评估条件之一。几乎所有的法学院都要求申请人参加 LSAT 考试。满分为 180 分，一般好的学校要求在 160 分以上。

（2）英国、加拿大、澳大利亚

英国大学录取一般要求 TOEFL 分数在 90 分以上，雅思（IELTS）6.5~7.5 分（满分为 9 分）。加拿大要求托福 550 分以上或雅思 6.5 分以上。澳大利亚要求雅思成绩达 6.5~7.5 分以上，法律、医学等专业要求会更高。

剑桥风景

图片来源：http://www.uutuu.com/…

再别康桥

轻轻的我走了，正如我轻轻的来；
我轻轻的招手，作别西天的云彩。
那河畔的金柳，是夕阳中的新娘；
波光里的艳影，在我的心头荡漾。
…… ……

——徐志摩

IELTS 考试包括两类：培训类（General Training），目前较多适用于移民；学术类（Academic），目前较多适用于以英语为工具去海外留学的考生，测试考生是否具备在英语环境中完成至少一年本科或硕士课程学习的能力。英国、澳大利亚、新西兰、加拿大及欧洲大陆一些国家采用这一语言测试系统。

（3）德国

DSH（Deutsche Sprachpruefung fuer den Hochschulzugang auslaendischer Studienbewerber），高校德语水平考试。

DSH 考试通常只在德国举办，在开学前由各大学或少数与学校有合作关系的语言班举办，成绩可以通行全德国。目前，我国国内也有与德国合办的 DSH 考试。国内合办者如：北京理工大学德语中心，浙江大学德语中心，同济大学德语中心，上海外国语大学，北京外国语大学。

TestDaF（Test Deutsch als Fremdsprache），德福考试。

TestDaF 考试对象是以赴德留学为目的的外国学习德语者，或一般只想证明自己德语语言水平的人。德国各个高校有自己的录取标准，在申请入学时应向有关大学了解。德福考试按照 3~5 级区分语言能力，5 级为最高级，四个部分的测验均达到 5 级的考生，其语言能力可以适应德国所有大学课程的学习。TestDaF 考试的成绩可以用来申请留学签证。

近年来，德国在一些学科对攻读硕士学位的外国学生实行双语制教学，基础阶段用英语，同时学习德语；专业阶段用德语授课。申请就读双语制专业的学生必须提供 TOEFL 之类的英语语言证明，有的专业还要有德语基础知识。

（4）法国

D. E. L. F. 是由法国教育部颁发的国家文凭，是外国人法语水平的证明。D. E. L. F. 包括两个等级，第一等级为 A1—A4，第二等级为 A5、A6。

TEF 考试是目前在中国大陆举办的一项法语水平考试。对于将去法国上大学的非法语国家的外国学生，这项考试是必须的。

（5）日本

对攻读研究生的语言要求是必须通过日本语能力测试一级考试，一级相当于我国大学本科日语专业四年级的水平，可在中国国内参加考试。

4　留学个案

4—1　个案一　赴德留学

法学是德国的优势专业之一，文科方面具有优势的专业还有：经济学、哲学、历史学、新闻；理工科方面的则有：汽车制造、机械工程、医学、制药、生物学、环保科学等。

（1）一般优劣比较

中国人选择去德国留学，优势大致有以下几个方面：

——入学门槛较低

凭一定的德语学时（一般在 800 至 1 000 学时）证明就可以拿到大学录取通知书，到了德国之后再过真正的语言关。一般都可以在两年内通过德国大学的语言考试。

——费用少

学费每学期 600 欧元左右，包括大学所在城市的公共交通费用。多数大学提供学生宿舍，租金在每月 100 欧元~200 欧元。大学设有食堂，每顿饭 2 欧元左右。医疗保险费每月不超过 50 欧元。综合以上各项，平均月生活费在 600 欧元左右。

——允许打工

在读书期间允许假期中打工。不加假期规定的，平时打工每周不超过 8 小时，或全年不超过 3 个月。

——延签方便

一般说来，只要是大学还未毕业，银行账户上有一定存款，个人无须担心签证不能延期，在签证有效期内随时可回国或去第三国。

而劣势主要有：

——过语言关难

德国大学录取对语言的要求相对较低，大学录取通知书为大学报名资格书，必须通过语言考试才能注册，两年之内无法通过大学语言考试，即被遣返回国。

——教学体制差异大

德国大学高度强调学生学习的自觉性和能动性，教授一般不督促学生的课外学习，他们通常都有自己的辅导时间，在规定的时间之外，很难找到他。

——学习时间长

大学教育分为基础阶段和专业阶段。基础阶段通常为 3 年，如果在德国还要学习语言，可能需要 4 年。进入专业阶段后，除了学习专业外，学生还要写专业小论文，然后是毕业论文。最后还有一场大考，通常口试加笔试在 20～30 门，一场考试把四五门合起来，考四五个小时。

——不易申请奖学金

德国大学不设立奖学金。奖学金通常由各基金会如阿登纳基金会、埃伯特基金会、瑙曼基金会等提供。资助对象绝大多数为高年级的学生，也包括外国学生，但主要照顾欧洲和北美国家学生，除非成绩出众，中国学生一般很难申请到奖学金。

——移民有限制

德国的移民政策较保守，甚至可以说有些苛刻。学生毕业后可延长一年签证用于找工作。

（2）德国法学教育

德国法学教育基本上是职业教育，科学知识和人文素质或融入职业教育过程之中，因而不是学术型学位而是国家考试决定着学生的学业和毕业。学生在大学学习 4 年左右之后参加第一次考试，它由大学考试和国家考试组成；通过后进入 2 年的职业预备期，在法院、检察院、律师事务所和政府部门实习；最后参加第二次国家考试，通过后便取得法官、检察官、律师资格。从 2005 年起在一些法学院开始给通过第一次考试的学生同时授予学士学位，给通过第二次国家考试的学生同时授予硕士学位。

（3）2020 年德国大学法学院排名

在传统与理论上，德国各大学或法学院无重点非重点之分，当然其实际水平是可分出高下的。出于不同的目的，一些机构和报刊仿效美国等国家的做法，不时对全德法学院作出排名，并对它们评头品足。其评价标准包括：教授的学术声望；专业同行的评价；发表论文及被引用的数量；奖学金获得者数量；博士生人数；专业覆盖面等。由于每次排名选取的标准及多寡不一，获取信息的手段各异，故由名次排名的结果引起的是非颇多。

德国法学院排名（Top 40）①

排名	城市	大学
1	München（LMU）	慕尼黑大学
2	Bayreuth	拜罗伊特大学
3	Hamburg（BLS）	汉堡博锐思法学院
3	Köln	科隆大学
5	Wiesbaden（EBS）	欧洲商学院
6	Mannheim	曼海姆大学
7	Münster	明斯特大学
8	Bonn	波恩大学
8	Göttingen	哥廷根大学
10	Freiburg	弗莱堡大学
11	Passau	帕绍大学
12	Berlin（HU）	柏林洪堡大学
13	Düsseldorf	杜塞尔多夫大学

① 数据来源：LTO（Legal Tribune Online）德国法学院排名，https://www.lto.de/jura/uni-ranking/，访问时间：2020-09-20。LTO 排名是根据 CHE-Ranking（Centrum für Hochschulentwicklung）和 Wiwo-Ranking（Wirtschaftswoche）综合得出，前者根据学生情况、教学指导、课程安排、相关科研等 20 多项标准得出，相关数据参见 https://ranking.zeit.de/che/de/fachinfo/5。后者则根据未来的职业前景进行排名。

续表

排名	城市	大学
13	Konstanz	康斯坦茨大学
15	Tübingen	图宾根大学
16	Heidelberg	海德堡大学
17	Halle-Wittenberg	哈雷-维滕贝格大学
18	Frankfurt/Main	法兰克福大学
19	Osnabrück	奥斯纳布吕克大学
20	Marburg	马尔堡大学
20	Würzburg	维尔茨堡大学
22	Berlin (FU)	柏林自由大学
22	Hamburg (Uni)	汉堡大学
24	Gießen	吉森大学
25	Frankfurt/Oder	奥德河畔法兰克福欧洲大学
26	Saarbrücken	萨尔布吕肯大学
27	Erl. -Nürnberg	埃尔朗根-纽伦堡大学
28	Regensburg	雷根斯堡大学
29	Jena	耶拿大学
29	Kiel	基尔大学
31	Potsdam	波茨坦大学
32	Bielefeld	比勒费尔德大
33	Hannover	汉诺威大学
34	Bochum	波鸿鲁尔大学
35	Leipzig	莱比锡大学
36	Bremen	不来梅大学
37	Greifswald	格赖夫斯瓦尔德大学
38	Augsburg	奥格斯堡大学
39	Mainz	美因茨大学
39	Trier	特里尔大学

2020 年德国法学院 QS 排名①

QS 排名	大学名称	
37	Humboldt-Universität zu Berlin	柏林洪堡大学
43	Ludwig-Maximilians-Universität München	慕尼黑大学
51-100	Freie Universitaet Berlin	柏林自由大学
51-100	Ruprecht-Karls-Universität Heidelberg	海德堡大学
51-100	Goethe-University Frankfurt am Main	法兰克福大学
51-100	Albert-Ludwigs-Universitaet Freiburg	弗莱堡大学
51-100	Universität Hamburg	汉堡大学
151-200	University of Cologne	科隆大学
151-200	Westfälische Wilhelms-Universität Münster	明斯特大学
201-250	Eberhard Karls Universität Tübingen	图宾根大学
201-250	University of Göttingen	哥廷根大学
201-250	Rheinische Friedrech-Wilhelms-Universität Bonn	波恩大学

4—2 个案二 赴美留学

（1）美国法律教育大观

美国的法学教育是大学本科后教育，即研究生层次的职业教育，而非学术性教育。这是美国法学教育的特别之处。报考法学院的学生要求已获得某个学院或者大学的文学士（B. A.）学位或理学士（B. S.）学位，并且要通过竞争激烈的法学院入学考试（LSAT）。美国法学教育以律师为培养目标，宗旨是训练学生“像律师那样思考”。截至 2013 年，全美约有 203 所法学院经全美律师公会（American Bar Association，ABA）认可，这些法学院大部分设于大学之内，少部分为独立的。

法学院的学位主要有 J. D. （Juries Doctor）和 J. S. D. （Doctor of Judicial Science）。J. D. 教育是美国法学教育的核心，想从事律师等

① 数据来源：QS（Quacquarelli Symonds）世界大学法律学科排名，https://www.topuniversities.com/ university-rankings/university-subject-rankings/2020/law-legal-studies，访问时间：2020-09-20。

法律事务工作，只能读法学院的 J. D.，一般至少需要 3 年时间的全日制学习。J. D. 是参加某一州的或州际律师资格考试的先决条件，美国各州都主办律师资格考试，想在某个州执业，就必须参加该州主办的律师考试。通过考试后，经过一定的品格考察便可获得律师执照，在州内法庭出庭。而 J. S. D. 无时间限制，学生一般去向是从事法学研究。

除此之外，还有一年制的硕士学位课程（Master of Laws，简称 LL. M.），通常是为国际学生而开设，修满 20 至 30 个学分后不用写论文即可毕业。它主要是帮助学生一般了解美国法律制度。还有授予在美国从事研究的外国学者的“比较法硕士”（Master of Comparative Law，简称 M. C. L.）学位。

（2）法学院排名

美国的法学院每年要对 ABA 认可的法学院排定名次，排在前 50 名的为一流学院，51~100 名的为二流学院，101 名以后的为三四流学院。近十多年来，哈佛、耶鲁、斯坦福、哥伦比亚、纽约大学的法学院一直排名居前。

2020 年美国最佳法学院排名①

排名	大学名称	
1	Yale University	耶鲁大学
2	Stanford University	斯坦福大学
3	Harvard University	哈佛大学
4	Columbia University	哥伦比亚大学
4	University of Chicago	芝加哥大学
6	New York University	纽约大学
7	University of Pennsylvania (Carey)	宾夕法尼亚大学
8	University of Virginia	弗吉尼亚大学

① 数据来源：《美国新闻与世界报道》（U. S. News & World Report），https://www.usnews.com/best-graduate-schools/top-law-schools/law-rankings，访问时间：2020-09-20。

续表

排名	大学名称	
9	Northwestern University (Pritzker)	西北大学普利兹克法学院
9	University of California—Berkeley	加利福尼亚大学伯克利分校
9	University of Michigan—Ann Arbor	密歇根大学
12	Duke University	杜克大学
13	Cornell University	康奈尔大学
14	Georgetown University	乔治城大学
15	University of California—Los Angeles	加利福尼亚大学洛杉矶分校
16	University of Texas—Austin	得克萨斯大学奥斯汀分校
17	Washington University in St. Louis	圣路易斯华盛顿大学
18	University of Southern California (Gould)	南加州大学古尔德法学院
18	Vanderbilt University	范德堡大学
20	Boston University	波士顿大学
21	University of Minnesota	明尼苏达大学
22	University of Notre Dame	圣母大学
23	George Washington University	乔治华盛顿大学
24	Arizona State University (O'Connor)	亚利桑那州立大学奥康纳法学院
24	Emory University	埃默里大学
24	University of Florida (Levin)	佛罗里达大学莱文法学院
27	Fordham University	福坦莫大学
27	University of California—Irvine	加利福尼亚大学尔湾分校
27	University of Iowa	艾奥瓦大学
27	University of North Carolina—Chapel Hill	北卡罗来纳大学教堂山分校
31	Boston College	波士顿学院
31	University of Alabama	阿拉巴马大学
31	University of Georgia	佐治亚大学

续表

排名	大学名称	
31	University of Illinois—Urbana-Champaign	伊利诺伊大学厄巴纳-香槟分校
31	Washington and Lee University	华盛顿与李大学
31	William & Mary Law School	威廉与玛丽法学院
37	Brigham Young University (Clark)	杨百翰大学克拉克法学院
38	Indiana University—Bloomington (Maurer)	印第安纳大学摩利尔法学院
38	Ohio State University (Moritz)	俄亥俄州立大学莫里兹法学院
38	University of California—Davis	加利福尼亚大学戴维斯分校
38	University of Wisconsin—Madison	威斯康星大学麦迪逊分校
42	George Mason University	乔治梅森大学
42	University of Washington	华盛顿大学
42	Wake Forest University	维克森林大学
45	University of Utah (Quinney)	犹他大学昆尼法学院
46	University of Colorado—Boulder	科罗拉多大学博尔德分校
47	Pepperdine University (Caruso)	佩珀代因大学
47	University of Arizona (Rogers)	亚利桑那大学罗杰斯法学院
47	University of Maryland (Carey)	马里兰大学
50	Baylor University	贝勒大学
50	Florida State University	佛罗里达州立大学
50	University of Connecticut	康涅狄格大学

2020年美国法学院QS排名①

QS排名	大学名称	
1	Harvard University	哈佛大学

① 数据来源：QS（Quacquarelli Symonds）世界大学法律学科排名，https://www.topuniversities.com/university-rankings/university-subject-rankings/2020/law-legal-studies，访问时间：2020-09-20。

续表

QS 排名	大学名称	
4	Yale University	耶鲁大学
5	Stanford University	斯坦福大学
7	University of California，Berkeley (UCB)	加利福尼亚大学伯克利分校
8	Columbia University	哥伦比亚大学
9	New York University (NYU)	纽约大学
11	University of Chicago	芝加哥大学
18	Georgetown University	乔治城大学
26	University of California，Los Angeles (UCLA)	加利福尼亚大学洛杉矶分校
29	University of Michigan-Ann Arbor	密歇根大学
31	University of Pennsylvania	宾夕法尼亚大学
32	Duke University	杜克大学
=41	Cornell University	康奈尔大学
46	Northwestern University	西北大学
51-100	American University	美利坚大学
51-100	Boston University	波士顿大学
51-100	George Washington University	乔治华盛顿大学
51-100	University of Texas at Austin	得克萨斯大学奥斯汀分校
51-100	University of Virginia	弗吉尼亚大学
101-150	Fordham University	福坦莫大学
101-150	University of California，Irvine	加利福尼亚大学尔湾分校
101-150	University of Notre Dame	圣母大学
101-150	University of Southern California	南加州大学
101-150	University of Washington	华盛顿大学
101-150	University of Wisconsin-Madison	威斯康星大学麦迪逊分校
101-150	Washington University in St. Louis	圣路易斯华盛顿大学

续表

QS 排名	大学名称	
151-200	Boston College	波士顿学院
151-200	Michigan State University	密西根州立大学
151-200	University of Florida	佛罗里达大学
151-200	University of North California, Chapel Hill	北卡罗来纳大学教堂山分校
201-250	Florida State University	佛罗里达州立大学
201-250	George Mason University	乔治梅森大学
201-250	Loyola University Chicago	芝加哥洛约拉大学
201-250	the Ohio State University	俄亥俄州立大学
201-250	Pennsylvania State University	宾夕法尼亚州立大学
201-250	University of California, Davis	加利福尼亚大学戴维斯分校
201-250	University of Illinois at Urbana-Champaign	伊利诺伊大学厄巴纳-香槟分校
201-250	University of Minnesota Twin Cities	明尼苏达大学
201-250	Vanderbilt University	范德堡大学
251-300	Arizona State University	亚利桑那州立大学
251-300	City University of New York	纽约市立大学
251-300	Emory University	埃默里大学
251-300	Georgia Institute of Technology	佐治亚理工学院
251-300	Indiana University Bloomington	印第安纳大学
251-300	the University of Arizona	亚利桑那大学
251-300	University of Colorado Boulder	科罗拉多大学博尔德分校
251-300	University of Illinois at Chicago (UIC)	伊利诺伊大学芝加哥分校
251-300	University of Iowa	艾奥瓦大学

（3）入学条件及录取

法学院学生一般在秋季入学。各个法学院入学条件大同小异，申请者必须先取得一个法学学位，一般要提供下列材料：

• LSAT 成绩单。

• 大学成绩单。中英文各一份，加盖学校公章。

• 入学申请表。各法学院都有自己的入学申请表，要如实、正确填写。

• 2~3 封推荐信。推荐信一般应由对自己熟悉的教授写，每封以 500 个单词左右为宜。

• 个人自述。自述一定要写出自己的特点，有什么优点就直接表明，以引起入学委员会的注意。自述应简洁、客观、全面而有条理。

• 托福成绩（非英语国家学生）。

法学院入学委员会录取学生一般要考虑下列因素：

• LSAT 成绩
• 本科学习的课程和成绩
• 本科学习的学校
• 本科期间活动
• 种族背景
• 个人性格
• 推荐信
• 个人自述
• 实践经历
• 学习法律的动机
• 曾经克服过什么困难
• 入学前的准备
• 其他

一般而言，在上述各种条件中，LSAT 成绩和大学期间的学习成绩更为重要。

（4）读什么学位和学校[①]

对国内本科生而言，有 LL. M. 和 J. D. 两种选择，因人和目标

① 资料来源：http://www.usnews.com/usnews/edu/beyond/bclaw.htm。

来取舍。

J. D. 如果想深入学习美国法学的精华，并望在美就业，建议选择攻读 J. D. 学位。但读 J. D. 也有不利之处：时间长，至少 3 年；非常累，每天案例多得不睡觉也看不完；费用高，一般一学年的学费为 1.5 万美元，基本没有希望申请到奖学金；签证难。

LL. M. 国内许多学生是先申请 LL. M.，学完一年 LL. M. 的课程之后，再申请 J. D.。申请 LL. M. 的优长为：申请 LL. M. 成功的多于 J. D.；时间短和学费少（一年在 3.5 万~3.9 万美元）；如果打算回国，LL. M. 更实惠。不利之处有：因时间过短，无法深入了解美国法律；只有 LL. M. 而没有 J. D. 学位的，无法得到美国律师界的认同。LL. M. 分为 General 和 Specialized 两种。Specialized LL. M. 课程种类比较多，比如纽约大学法学院就有 Comparative Jurisprudence, Corporation Law, International Legal Studies, International Taxation, Labor and Employment Law, Taxation, Trade Regulation 等等 LL. M. 课程供学生选择。选择 Top 10 的学校非常难，而在 Top 11~50 的学校差别一般不是非常大。

尾声

再回首，为何叩开法学朱门

在对本书几小时的阅读行将结束之际，笔者并未奢望一合卷能使你有飞禽之变，也许你还站在地上，仍徘徊于法学门前。此时，不知你还记不记得卡夫卡的名篇《法律门前》（Vor dem Gesetz）：在法律门前站着一个守门人，一个乡下人来请求让他进去，可守门人没有允许。于是，乡下人就坐在大门旁，等待守门人的应允。他终其一生，直到临死，也未能如愿。然而他却知道：法律有门，就不让进。

卡夫卡（Franz Kafka，1883—1924），一位 18 岁入布拉格大学，初习化学、文学，后读法学，获法学博士学位的 20 世纪文学大师，意图借这一寓言表达他对法律的洞见：对于那些生活在社会底层的人，法律永远只是一个可望而不可即的摆设，法律是少数贵族统治他们的秘密之一。

的确，有些社会的法律，有时也如卡夫卡所批评的那样，如古代中国有士大夫深以为“法如利器，不可轻易示人”，不少官府也是“八字衙门朝南开，有理没钱莫进来”。彻底改变这种让人守候一生却不给任何门径，诱惑人又拒你于千里之外的法律，更好地创制公正的法律，并让法律的光芒照亮每一个苍生，是我们习法之人的责任，习法的真正的意义就在于此。

要实现这一意义，又以先叩开法学大门为重要前提之一，否则，“便纵有千种风情，更与何人说”？与人怎说？

附：

法律门前

卡夫卡 著　郑永流 译

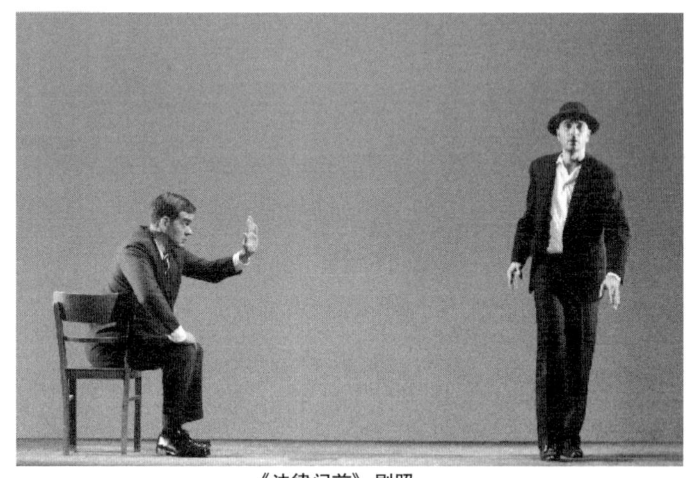

《法律门前》剧照

图片来源：http://www.nmz.de/online/maennerfantasi...uppertal

法律门前站着一个守门人。一个从乡下来的男人走到这个守门人跟前，请求让他进去。但守门人说，现在不能让他进去。乡下人思索了一下，然后问道，那么以后可不可以进去。“有可能”，守门人说，“现在却不行。”因为通向法律的大门始终敞开着，且守门人走到一边去了，那人便弯腰往门里张望。守门人发现了，笑着说：“如果你很想进去，尽管我不允许，那不妨试一试。不过你得注意：我是有权的。我只是一个最低级的守门人。一个个大厅前都站着守门人，而且一个比一个更有权势。我甚至都不敢正眼看看第三个守门人的模样。”乡下人没有料到有这么难。他想，法律本应对每个人总是随手可及的。但是，当他现在仔细打量穿着毛皮大衣的守门人，看着他那大大的尖鼻子和又长又稀的黑色鞑靼胡子，他便决定，还是等一等，直到允许后再进去。守门人给了他一个凳子，让他在门旁坐下。他就这样长年累月地坐在那里。他曾多次尝试请求让他进去，把守门人也弄烦了。守门人时不时地也和他聊上几句，问问他家乡的和其他的一些事，不过，尽是些无关痛痒的问题，就好像那些大人物提的一样。临到最后，他总是对他说，还不能放他进去。那人为这次旅行带来许多东西，为了能买通守门人，他送掉了所有的东西，以为这是非常值得的。守门人虽然把礼物都收下了，但每次总是说："我收下来，只是为了免得让你认为，还有什么遗憾之处。"在这漫长的岁月里，那人几乎一刻不停地注视着这个守门人。他忘记了其他的守门人，似乎这第一个守门人就是他进入法律大门的唯一障碍。最初几年，他还毫无顾忌地大声地诅咒自己的不幸。后来，他渐渐地老去，只能独自嘟囔几句。他变得孩子气了，由于对守门人的长年琢磨，甚至都熟悉守门人毛皮领子上的跳蚤，他也请求跳蚤来帮助他说服守门人。最后，他老眼昏花了，他不知道，是他的周围世界真的变得暗淡了，还只是他的眼睛在捉弄他。可是，在这黑暗里，他却看到一束从法律大门里射出来的永不熄灭的光线。此刻，他将不久于人世了。在临死之前，全部岁月的一切感受，在他的脑海里汇成一个迄今他还没有向守门人提出的问题。他招呼了一下守门人，因为他那僵硬的身体再也站不起来了。守门人不得不把身子俯下，因为高矮差别变得对那人非常不便。"你这时还想知道些什么?"守门人问，"你真是不知足。""人人都在寻求法律"，那人说，"可是，为什么这许多年来，除了我以外，没有人要求进去呢?"守门人看出了，那人快要死了，为了让他日渐消失的听觉还能管点用，他对那人吼道："没有任何人能进入这道门，因为它专为你而开。我这就去把它关上。"

译自 Franz Kafka，Sämtliche Erzählungen，hg. v. Paul Raabe，Fischer Taschenbuch 1078，Frankfurt/M. 1970，SS. 148-149。

译文参考了孙坤荣译：《在法的门前》，载《卡夫卡小说选》，北京，人民文学出版社，1994。

余白

至简、实用、可读，是本书写作的三准则。这三准则再中规中矩不过，凡写此类书的人谁不会想到？但之于我，别有一番滋味在心头。

按有关正式规则或惯习，“法理学”课程设在大学第一学期，且通常是法学专业的第一课，有意无意担当着法学启蒙的角色。有幸作为这门蒙学的承担者已二十余载，有点不幸的是，不时听到大三、大四或已毕业的法科学生说，当年在各校所学的“法理学”，“庭院深深”，却又不知“深几许”。

大学的为人师者，多恐被人指为浅显、不理论。于是，不免尽量往深处去，也有纵知扎不下去仍要故作深沉状的。殊不知，该浅时不浅，之于初学者，比该深时不深，更易误人子弟。

由于这几年才更多悟到这一层，当中国人民大学出版社李修棋先生去年邀我写一本“法理学”教材时，我反约了一本法律蒙学，因前者已呈泛滥之势，而后者寥若晨星，更无上品。当他们看过本书的引言和目录后，在万圣书园卡普齐诺的浓香中，与我定下了契约。仍记得当时出版社的郭燕红女士说，她在读法学专业大一的女儿正等着这样的书。书有人惦着，还有什么比这更令作者知足的呢？尽管我知道这是激励。

转眼一年过去，如约向出版方交稿了。但愿郭女士的女儿万一看到了这本书时不会失望，因为我不仅借助文字，还加上不少图片和表格（感谢它们的绘制者，敬请与出版社联系使用事宜），这部分要归功于我的学生刘会娟，用心用力地“浅”了。

说了许多关于浅深的话，却也不希望学子们对“浅斟低唱”养成依赖，别人落笔不浅，并不必然妨碍你内化得深。心更要铭记，法学静水流深，非几经沉浮，便不能潜入。

郑永流 2010 年 6 月 22 日于京北西三旗

希腊智者普罗太戈拉教一位青年人如何打官司，约定如果他第一次诉讼获胜才交学费，否则分文不取。随后，普罗太戈拉到法院告他，说他欠学费，要其交纳。他该不该交学费？

图书在版编目（CIP）数据

法学野渡：写给法学院新生/郑永流著. -- 4 版. -- 北京：中国人民大学出版社，2022.3
ISBN 978-7-300-30095-5

Ⅰ.①法… Ⅱ.①郑… Ⅲ.①法学 Ⅳ.①D90

中国版本图书馆 CIP 数据核字（2022）第 031326 号

法学野渡（**第四版**）
写给法学院新生
郑永流　著
Faxue Yedu

出版发行	中国人民大学出版社		
社　　址	北京中关村大街 31 号	**邮政编码**	100080
电　　话	010－62511242（总编室）		010－62511770（质管部）
	010－82501766（邮购部）		010－62514148（门市部）
	010－62515195（发行公司）		010－62515275（盗版举报）
网　　址	http://www.crup.com.cn		
经　　销	新华书店		
印　　刷	天津中印联印务有限公司	**版　　次**	2010 年 9 月第 1 版
规　　格	155 mm×235 mm　16 开本		2022 年 3 月第 4 版
印　　张	14.75 插页 4	**印　　次**	2024 年 7 月第 5 次印刷
字　　数	195 000	**定　　价**	48.00 元